多情自古伤离别更那堪冷落清秋节今宵酒醒何处杨柳岸晓风残月 柳永雨霖铃词意乙亥春冶阳甫衡

王立群 著

诗传

宋十家

中原出版传媒集团
中原传媒股份公司

大象出版社
· 郑州 ·

图书在版编目（CIP）数据

宋十家诗传. Ⅰ / 王立群著. — 郑州：大象出版
社, 2022. 2
ISBN 978-7-5711-1269-1

Ⅰ. ①宋…　Ⅱ. ①王…　Ⅲ. ①诗人-评传-中国-宋
代　Ⅳ. ①K825. 6

中国版本图书馆 CIP 数据核字（2021）第 259578 号

宋十家诗传 Ⅰ

SONG SHI JIA SHI ZHUAN Ⅰ

王立群　著

出 版 人　汪林中
责任编辑　李小希
责任校对　安德华
特邀设计　刘　民
美术编辑　杜晓燕
插图绘画　寇　衡

出版发行　大象出版社（郑州市郑东新区祥盛街 27 号　邮政编码 450016）
　　　　　发行科　0371-63863551　总编室　0371-65597936
网　　址　www.daxiang.cn
印　　刷　北京汇林印务有限公司
经　　销　各地新华书店经销
开　　本　720 mm×1020 mm　1/16
印　　张　10
字　　数　115 千字
版　　次　2022 年 2 月第 1 版　2022 年 2 月第 1 次印刷
定　　价　25. 00 元

若发现印、装质量问题，影响阅读，请与承印厂联系调换。
印厂地址　北京市大兴区黄村镇南六环磁各庄立交桥南 200 米（中轴路东侧）
邮政编码　102600　　　　电话　010-61264834

目 录

奉旨填词柳三变

——柳永诗传

正史中不见他的事迹，笔记里到处是他的传奇。

和古代大多数文人一样，他从小就设定好了人生的目标——金榜题名，光宗耀祖，治国平天下。

然而，一次、两次、三次、四次，在参加科举考试的道路上，他一次又一次地跌倒，希望一次又一次地落空。

不是因为他才疏学浅，而是由于他名气太盛。他把全部的热情都倾注在了大宋王朝的市井生活之上，勾栏瓦肆间常见他的身影，烟花巷陌中总有他的足迹；他把全部的才华都用在了歌词创作上，从京都到民间，从朝廷到边关，从寺庙到井田，只要有人的地方，就能听到他写的歌曲在飘荡。

那些"正人君子"，一面听着他创作的曲子，在醉生梦死中逍遥，一面又嫌弃他身处底层，和乐工打成一片，和歌女心心相印。

转眼之间，青丝成白发，年过半百，他终于遇到了一次"恩科"，金榜题名。他应该想到，朝廷不会一直"开恩"，在仕途上，他磕磕绊绊，正常的升迁，总是有人阻拦，从吏部官员、宰相到皇帝，他们心照不宣——且去填词，何要浮名！

他把一个时代的承平气象写进了歌词，他把失意文人满腔的委屈牢骚写进了歌词，他把青楼女子的无奈、欢愉和哀伤写进了歌词。句句真切，曲曲动人，回环往复、一唱三叹之间，自有一种风情泊然而出。

他就是柳永，两宋词坛上第一个对宋词进行全面革新的词人，没有他，就没有宋词的全面繁荣。青云之上遭遇不公的柳永，最终在滚滚红尘中活出了一个真实、特别的自我。

词是一种音乐文学，它从民间里巷中走出，走入歌女的声喉下、乐工的管弦里，走进了文人的笔端。它起源于隋唐，滋衍于五代，到宋朝终于蔚为大观。宋词，以它独特的形式、多样的神韵，成为宋代文学的杰出代表，与唐诗并称为中国文学的"双璧"，是中国文学史上的璀璨明珠。

在宋词的发展史上，柳永是绝对不能忽略的一个人。词，到了柳永那里，实现了小令与长调的平分秋色，摆脱了题材单一、含蓄委婉的贵族做派与风格，融入了市民生活的方方面面，凡有井水处，皆有人歌柳词。可以这么说，真正的宋词是从柳永开始的。可惜的是，如此成就的一个人，官修《宋史》中并没有给他留一席之地，笔记杂谈中的记载大都是道听途说、街谈巷语，时有矛盾之处。从出生到离世，他的一生如一团乱麻，给我们留下了太多的空白。

柳永，字耆卿。其实，这不是他的本名。柳永原名柳三变，字景庄，在家族兄弟中排行第七，故又称柳七。他是福建崇安县五夫里（今福建武夷山市五夫镇茶景村）人，细算起来，还是名门望族河东柳氏之后。这个家族在唐朝出了两位名人，一位是柳宗元，一位是柳冕，两人都是"古文运动"的先驱。柳永的七世祖柳奥是柳冕的侄子，因追随叔父到福建做官，便在此定居下来，崇安柳氏一脉即从柳冕这里生发，发扬光大。

柳永的祖父名柳崇，字子高。五代十国时期，建州（今福建建瓯）有一个割据政权闽国，其末代君主王延政曾任命柳崇为沙县丞。闽国国小民贫，王延政为了个人享乐，横征暴敛，柳崇实在看不下去，就辞官回到五夫里的山中隐居去了，并发誓终生不再做官。柳崇有六个儿子，长子名柳宜，字无疑，在南唐做过监察御史，入宋以后进士及第，出仕为官，与宋初名臣王禹偁过从甚密。

柳宜有三个儿子，长子名三复，次子名三接，幼子即柳永。弟兄三人的名字都是有来头的。《论语·先进》中说："南容三复白圭。"南容反复诵读《诗经》中"白圭之玷，尚可磨也。斯言之玷，不可为也"这几句诗，孔子就把自己的侄女嫁给了他。这是"三复"的由来，有谨言慎行的意思。《周易·晋卦》卦辞说："康侯用锡马蕃庶，昼日三接。"康侯被赏赐了很多车马，一天之内三次被接见。这是"三接"的出处，有恩宠优待之意。《论语·子张》中说："君子有三变：望之俨然，即之也温，听其言也厉。"君子有三种姿态，远远看去庄严可畏，接近之后温和可亲，听他说话却严厉不苟。看来，柳宜对小儿子期望很高，希望他成为一位君子。长大以后的柳氏三兄弟都擅长文艺，被时人誉为"柳氏三绝"。

柳宜入宋以后，先后在雷泽（今山东鄄城）、费县、任城（今山东济宁）等地做县令。在这期间，柳永出生，出生的具体时间、地点至今众说纷纭，没有定论。当今学者推测柳永大概出生在雍熙元年（984）柳宜出任沂州费县县令期间。但柳永的少年时代，是在家乡福建崇安度过的。

柳永出身于仕宦之家，考取功名是家族给他预设的人生道路。因此，他从小读书很勤奋，每天夜里必燃烛苦读，还曾自撰《劝学文》以自勉，其中有"学，则庶人之子为公卿；不学，则公卿之子为庶人"之句。

距离柳永家乡不远的松溪县有一名山，名叫中峰山，山中有座中峰寺。据记载，这座禅寺始建于唐初，景福元年（892），因附近有老虎出没，为害乡里，乡民猎虎于山中，有禅师骑虎从寺中而出，于是乡民请禅师修建道场。寺旁有大石，后人称其为伏虎坛。年少的柳永曾到中峰寺游览，留下了一首诗。

题中峰寺

攀萝蹑石落崔嵬，千万峰中梵室开。

僧向半空为世界，眼看平地起风雷。

猿偷晓果升松去，竹逗清流入槛来。

旬月经游殊不厌，欲归回首更迟回。

这是一首记游诗，首联写中峰寺的地理位置，群山环抱之间，陡峭道路之端；颔联写中峰寺的伏虎传说；颈联写中峰寺的清幽环境，有林中猿猴、青松修竹、清溪潺潺；尾联写游览感慨，如此美景，看不够，不想回。说实话，这首诗写得中规中矩，并没有多少令人惊异之处。不过，据推测，这首诗大约是柳永十三岁之前所写，如此则令人刮目相看了。

至道三年（997）三月，宋太宗去世，太子赵恒继位，即宋真宗。咸平五年（1002）左右，柳永参加乡试后，离开家乡崇安，前往汴京（今河南开封）参加礼部省试。途经杭州时，他迷恋于杭州的湖光山色、都市繁华，滞留于此。当时的两浙转运使是孙何，柳永想前往拜谒，却因门禁甚严而不得。于是，他写了一曲《望海潮》（东南形胜），前往拜访杭州名妓楚楚，说："欲见孙相，恨无门路。若因府会，愿借朱唇歌于孙相公之前。若问谁为此词，但说柳七。"第二年中秋佳节，孙何果然请了楚楚来府助兴，楚楚就把柳永的这首《望海潮》深情演唱了一遍。结果，当天孙何就把柳永请到了府上。这则故事出自宋人的笔记，真假不好说。不过可以肯定的是，柳永的这首词的确是很能够打动人的。

望海潮

东南形胜，三吴都会，钱塘自古繁华。烟柳画桥，风帘翠幕，参差十万人家。云树绕堤沙。怒涛卷霜雪，天堑无涯。市列珠玑，户盈罗绮，竞豪奢。

重湖叠巘清嘉。有三秋桂子，十里荷花。羌管弄晴，菱歌泛夜，嬉嬉钓叟莲娃。千骑拥高牙。乘醉听箫鼓，吟赏烟霞。异日图将好景，归去凤池夸。

这首词上片描写了杭州的自然风光和都市气象，围绕"形胜""繁华"，写了街巷河桥、居民住宅、钱塘怒潮、城市声色，把杭州人间天堂的优美与繁华乃至穷奢极欲刻画得淋漓尽致。下片将目光投向西湖，写西湖的美景，写百姓的生活，秋天有桂子，夏天有荷花，晴天奏乐，夜晚唱歌，老翁钓鱼，姑娘采莲。如此美景，不但使当地长官流连忘返，而且令京师人士羡慕不已，好一幅盛世图景。据说，正是因为柳永在《望海潮》中把杭州写得太富庶、太迷人，金主完颜亮听过这首歌后，对"三秋桂子，十里荷花"的江南垂涎不已，才起了挥师南下的野心。

柳永在杭州滞留了两年左右的时间，大约在景德二年（1005）秋离开杭州，北上苏州。苏州是春秋时期吴国的都城，遗留了不少历史遗迹：城西南有姑苏山，山上有姑苏台，当年吴王夫差曾在此建造宫室，宏大华丽，如今已成断壁残垣，一片荒凉。登临此地，念天地之悠悠，发怀古之幽情，柳永留下了一首风格雅致的《双声子》（晚天萧索）。

双声子

晚天萧索，断蓬踪迹，乘兴兰棹东游。三吴风景，姑苏台榭，牢落暮霭初收。夫差旧国，香径没、徒有荒丘。繁华处，悄无睹，惟闻麋鹿呦呦。

想当年、空运筹决战，图王取霸无休。江山如画，云涛烟浪，翻输范蠡扁舟。验前经旧史，嗟漫载、当日风流。斜阳暮草茫茫，尽成万古遗愁。

这首词上片写景记游，景是萧索之景，姑苏台荒凉寥落，采香径也杳无踪迹，从前的繁华胜地，已成麋鹿的栖息之地。当年伍子胥谏吴王，吴王不听，伍子胥言："臣今见麋鹿游姑苏之台也。"后来"麋鹿游"的典故就用来表示繁华之地变为荒凉之所，暗示国家沦亡。下片叙事，写了吴越争霸的往事，抒发历史兴亡之感。一个"空"字，点出一国之君最终还不如泛舟江湖的范蠡，而自古以来所谓的风流人物，结局大都与夫差无异。最后两句与首句呼应，在斜阳与衰草连天的背景中，抒写万古哀愁。这首词把萧索的景物与深沉的历史兴亡感慨融汇在一起，苍凉、雄浑。柳永一生擅写艳词，但这首词写得庄重典雅、厚重沉郁，在柳词中是很少见的。

大约在大中祥符元年（1008），柳永入京，当时他的父亲柳宜在京为官。此时的北宋都城东京（今河南开封），经过宋初半个世纪的承平稳定与建造发展，已经成为当时最繁华的城市。车水马龙，行人如织，四野如市。青楼画阁、茶坊酒肆、勾栏瓦子，比比皆是。京都彻夜不眠，到处灯火通明，绣户珠帘之中飘荡着管弦丝竹之声，市井人家之间弥漫着盛世太平之音。

在这样的繁华中，柳永如鱼得水。他流连于青楼酒肆之间，与歌女、乐工交往频繁，把自己最擅长的歌词创作发挥得淋漓尽致。教坊乐工每次有了新曲调，一定会想方设法邀请柳永作词，因为只有如此，新的曲调才能迅速流传，歌女也争相演唱，自己也会身价倍增。在这一时期，柳永创作了大量的词作，将帝都的"承平气象，形容曲尽"，成为当时最有影响力的"音乐人"。

这一年正月之所以改元大中祥符，是因为大宋王朝发生了一件"诡异"的事情——天书事件。古人认为，一个皇帝，如果奉天承运，英明贤能，老天就会降下各种吉祥之物，以示嘉奖；如果表现不佳，老天就会降下灾异，以示警告、惩罚。四年之前的景德元年（1004），北宋朝廷与契丹签订了"澶渊之盟"，这是一个"花钱买和平"的协议，社会舆论褒贬自不必说，就是宋真宗本人也感到无比耻辱。为了维护自己的形象、神化皇帝的权威，宋真宗和王钦若等人联合炮制了这一事件。正月三日，京城承天门上空飘下来二丈长的黄帛，上面写着"赵受命，兴于宋，付于恒"之类的文字，对宋真宗歌功颂德，对其君权神授大加渲染。于是，举国狂欢，文人、士大夫纷纷撰写赋颂，歌颂这一国家盛事。宋真宗尝到甜头后，一年之内，又让老天爷降了好几次天书。

在这一国家庆典中，柳永以他最擅长的歌词形式，尽力寻找他在国家政治事件中的位置，《巫山一段云》五首是他创作的一组宫观斋醮宴集时演奏的道曲曲辞。

巫山一段云

其二

琪树罗三殿，金龙抱九关。上清真籍总群仙。朝拜五云间。

昨夜紫微诏下。急唤天书使者。令赍瑶检降彤霞，重到汉皇家。

"琪树"，神话中的玉树。"上清"，道家三清境之一，是神仙居住的洞府。"五云"，五色祥云，是神仙所乘之云。"紫微"，星宿的名称，古人认为是天帝居住之地。这首词中心是写天帝降天书，其中自然少不了对宋真宗的歌颂，或者说，这才是最重要的。

除了歌功颂德，柳永这一时期创作的大量词作主要还是反映东京城的民俗风情与热闹繁华的，如写清明节市民郊外踏青的一首《木兰花慢》（拆桐花烂漫）：

木兰花慢

拆桐花烂漫，乍疏雨、洗清明。正艳杏烧林，缃桃绣野，芳景如屏。倾城。尽寻胜去，骤雕鞍绀幰出郊坰。风暖繁弦脆管，万家竞奏新声。

盈盈。斗草踏青。人艳冶、递逢迎。向路旁往往，遗簪堕珥，珠翠纵横。欢情。对佳丽地，信金罍罄竭玉山倾。拚却明朝永日，画堂一枕春酲。

这首词为我们描绘了一幅北宋都城清明时节的风俗画卷，也展示了那个时期的升平气象。上片浓墨重彩，描绘了清明时节的特定风物及市民的郊游活动：疏雨过后，天气清朗，桐花烂漫，杏花正艳，桃花遍野，美景如画，京城万人空巷，驾车远游，暖风吹来管弦声声，争相演奏最新的乐章。下片重点铺叙郊游的女子，对于古代女子而言，这是一个难得的放飞自由、挥洒快乐的节日，她们斗草踏青，放任天性，纵情畅饮，不醉不休。

每年三月一日至四月八日，京城的皇家园林金明池向市民开放，皇帝也携群臣来到金明池与民同乐，观看龙舟，观赏风景，共饮禊酒。百姓尽情狂欢，载歌载舞，直至深夜。柳永把这一盛世情景定格在了一首《破阵乐》（露花倒影）中。

破阵乐

露花倒影，烟芜蘸碧，灵沼波暖。金柳摇风树树，系彩舫龙舟遥岸。千步虹桥，参差雁齿，直趋水殿。绕金堤、曼衍鱼龙戏，簇娇春罗绮，喧天丝管。霁色荣光，望中似睹，蓬莱清浅。

时见。凤辇宸游，鸾觞禊饮，临翠水、开镐宴。两两轻舠飞画楫，竞夺锦标霞烂。鳌欢娱，歌鱼藻，徘徊宛转。别有盈盈游女，各委明珠，争收翠羽，相将归远。渐觉云海沉沉，洞天日晚。

这首词是一幅气象宏伟的都市风俗画卷，展示了当时世界上最繁华的城市汴京的一角。首句"露花倒影"是清早的场景，末句"渐觉云海沉沉，洞天日晚"是黄昏的场景。上片主要铺陈如蓬莱仙境一般的金明池，水波、花草、小船、杂耍、歌舞，泛泛而写；下片主要写皇帝临幸金明池，赐宴观赛，这是特写，结尾以金明池笼罩在一片仙境般的暮霭之中结束。

宋代的笔记中记载，苏轼曾戏谑道："山抹微云秦学士，露花倒影柳屯田。""秦学士"说的是秦观，"山抹微云"是他词作《满庭芳》开首第一句。秦观比柳永略后，苏轼之意是说秦观学的是柳永。虽是戏谑，也可见出这首词的独特及对后世的影响。

大中祥符二年（1009），柳永大概二十六岁，第一次参加礼部举行的省试。他颇为自负，以为凭借自己的才能及第如俯拾草芥。《长寿乐》（尤红殢翠）一词便借铺写男女情意缠绵，并以词中男子对女子所说的"定然魁甲登高第""等着回来贺喜""与我儿利市"，流露了这种自信。

长寿乐

尤红殢翠。近日来、陡把狂心牵系。罗绮丛中，笙歌筵上，有个人人可意。解严妆巧笑，取次言谈成娇媚。知几度、密约秦楼尽醉。仍携手，眷恋香衾绣被。

情渐美。算好把、夕雨朝云相继。便是仙禁春深，御炉香袅，临轩亲试。对天颜咫尺，定然魁甲登高第。待恁时、等着回来贺喜。好生地。剩与我儿利市。

谁知，这一年春闱之前，宋真宗特地下诏指示，"读非圣之书，及属辞浮靡者，皆严遣之"。意思是说，对于那些诋毁圣人之道、遣词造句轻浮靡丽的举子，一律从严黜落，不予录取。很遗憾，柳永非常符合这个条件，他毫无疑问地落榜了。期望很高，失望甚深，那首著名的《鹤冲天》（黄金榜上）大概就写于落第之后。

鹤冲天

黄金榜上，偶失龙头望。明代暂遗贤，如何向。未遂风云便，争不恣狂荡。何须论得丧。才子词人，自是白衣卿相。

烟花巷陌，依约丹青屏障。幸有意中人，堪寻访。且恁偎红倚翠，风流事、平生畅。青春都一饷。忍把浮名，换了浅斟低唱。

这是一首愤激之词、一首牢骚之词。柳永把必然的落第写成"偶失"，可能并没有认清问题所在，内心之中的失意与不平化作负气之言，化为在烟花巷陌、青楼楚馆之间放浪形骸的生活。如此风流才子，即使身着白衣，也不亚于王侯将相；什么功名利禄，一切都是浮云，还不如手中一杯酒、耳边低声唱更快意呢！

柳永可能没有想到，他的歌词具有广泛的传播力、持久的影响力，他一时的愤激之言，经过歌女的不断演唱，从民间到皇宫，很快人人皆知。写词快了内心，却阻碍了前程。实际上，他还是很在意功名的，或者说，他要有所作为，必须经历科举之路。大中祥符八年（1015），柳永第二次参加礼部省试，落第；天禧二年（1018），第三次参加礼部省试，落第，他的兄长柳三复进士及第。

乾兴元年（1022），宋真宗驾崩，宋仁宗继位。宋仁宗当时只有十三岁，由刘太后垂帘听政。天圣二年（1024），柳永第四次参加礼部省试。据说，柳永这次考试还算顺利，前面的环节没有问题，到最后需要皇帝过目钦点的时候，宋仁宗发现了一个熟悉的名字，就是热衷于撰写华艳的流行歌曲的柳永，耳边立刻回响起了那首到处流行的《鹤冲天》，于是大笔一挥，把柳永的名字划去了，并且御批："且去浅斟低唱，何要浮名？"

这次的落第对柳永打击很大，朝廷已经给他定了性，再考也是自取其辱。他的父亲柳宜此前可能已经离世，使他没有了经济来源，无法到处游玩。既然皇帝让"且去浅斟低唱"，他索性奉旨填词去了，做起了职业歌词创作家。政治上失意，情感上也不甚顺心，京城已经没有多少值得留恋的地方，于是他离开了这片伤心之地，开始了一段漫游江南的生活。

离京之时，正值秋季，自古逢秋悲寂寥，柳永与一位相知的青楼女子道别，写下了那首千愁万绪、千回百折、千古传唱的《雨霖铃》（寒蝉凄切）。

雨霖铃

寒蝉凄切。对长亭晚，骤雨初歇。都门帐饮无绪，留恋处，兰舟催发。执手相看泪眼，竟无语凝噎。念去去，千里烟波，暮霭沉沉楚天阔。

多情自古伤离别，更那堪、冷落清秋节。今宵酒醒何处？杨柳岸，晓风残月。此去经年，应是良辰好景虚设。便纵有千种风情，更与何人说？

这首词上片写离别，寒蝉、长亭、秋雨，一切景语皆离别。留恋不已，而兰舟已催发。最伤心的离别不是千言万语，而是无语凝噎，执手相看，泪眼婆娑。那千里的烟波、沉沉的暮霭，是不愿离别的依依深情，是离别之后的无限惆怅。下片写离别之后，杨柳岸，晓风残月，一切景语皆伤心。从此以后，良辰美景都付于凄怆落寞；从此以后，千种风情都随孤独而去。这是柳永词中最令人心碎的一首。

柳永这一别，"此去经年"，大概有五六年的时间。他在扬州、苏州、杭州、会稽（今浙江绍兴）一带游历漂泊，大约在天圣七年（1029）春回到了汴京。阔别京城数年，帝都风华依旧，但物是人非，知交零落，不免心中戚戚。

满朝欢

花隔铜壶，露晞金掌，都门十二清晓。帝里风光烂漫，偏爱春杪。烟轻昼永，引莺啭上林，鱼游灵沼。巷陌乍晴，香尘染惹，垂杨芳草。

因念秦楼彩凤，楚观朝云，往昔曾迷歌笑。别来岁久，偶忆欢盟重到。人面桃花，未知何处，但掩朱扉悄悄。尽日伫立无言，赢得凄凉怀抱。

这是一首怀人之作。上片写东京城的暮春风光，一切都还是那么美好，令人心动；下片写相思，忆从前多少快乐，如今再访两位红颜知己，默默伫立，满怀凄凉。

红颜零落，触景伤怀，柳永再次离京，漫游西北。羁旅行役，依然消解不掉心中无限烦扰，一路走，一路看，斜阳、暮草，长亭、短亭，无不在诉说着相思。

引驾行

红尘紫陌，斜阳暮草长安道，是离人、断魂处，迢迢匹马西征。新晴。韶光明媚，轻烟淡薄和气暖，望花村、路隐映，摇鞭时过长亭。愁生。伤凤城仙子，别来千里重行行。又记得临歧，泪眼湿、莲泪盈盈。

消凝。花朝月夕，最苦冷落银屏。想媚容，耿耿无眠，屈指已算回程。相萦。空万般思忆，争如归去睹倾城。向绣帏、深处并枕，说如此牵情。

这首慢词从自身见闻入手，极尽铺叙之能事，仿佛把内心的哀愁一丝丝抽出来、铺开来，展示给人看。上片写途中景色。途中所经，无一不是别离；眼中所见，处处令人断魂。下片从对方视角展现，写怀旧念远。遥想别离之后，她无限落寞，深深思念，殷殷期盼。从别后，忆相逢，思念从离别开始，到相聚结束，所以最后两句想象了两人相聚时的情景，算是给内心的思念、归途的无期一点抚慰吧。

少年游

长安古道马迟迟。高柳乱蝉栖。夕阳岛外，秋风原上，目断四天垂。

归云一去无踪迹，何处是前期。狎兴生疏，酒徒萧索，不似去年时。

和《引驾行》（红尘紫陌）一样，这首词也是从长安古道的景色写起，但表达的不是那种一贯的卿卿我我的欢爱、肝肠寸断的相思，而是一种失路之悲及对未来的迷惘。上片写景，每一个意象都包含着字面之外的意义。《诗经·谷风》云："行道迟迟，中心有违。"之所以缓缓而行，是因为行动与心愿相违。下片感叹，在厌倦了痛饮狂歌的岁月之后，在一切期望全部落空之后，该何去何从呢？这首词是柳永对自己从前人生的追忆与反思，对未来岁月迷惘而无助的哀叹，虽是小令，却包含了相当丰富的内容，实为对柳永悲苦一生的概括。

将离别相思之苦与志士才人失意之悲融为一体，是柳永羁旅行役词的一个显著特点，它提升了柳永词作的品格，使柳永成为宋词史上的一个独特存在。这一点在《八声甘州》（对潇潇暮雨洒江天）中表达得尤为突出。这首词大约写于明道元年（1032），柳永当时在渭南一带漂泊。

八声甘州

对潇潇暮雨洒江天，一番洗清秋。渐霜风凄紧，关河冷落，残照当楼。是处红衰翠减，苒苒物华休。惟有长江水，无语东流。

不忍登高临远，望故乡渺邈，归思难收。叹年来踪迹，何事苦淹留？想佳人、妆楼颙望，误几回、天际识归舟。争知我，倚栏杆处，正恁凝愁！

这首词上片写清秋雨后的傍晚，关河冷落、夕阳斜照的凄凉之景，寄寓了时光流逝、青春不再、一事无成的感慨；下片抒发思乡怀人之情，一个是佳人妆楼远望，一个是游子倚栏凝愁，由此发出感叹——浪迹四方、到处漂泊究竟为了什么？这首词所表达的怀才不遇的悲慨与浪迹江湖的愁思具有典型意义，得到千百年来无数文人的共鸣。

这一年，西夏攻陷甘州（今甘肃张掖）、西凉府（今甘肃武威），西北战事爆发。柳永离开渭南，南下成都，此后又沿长江东下，经湖南抵达湖北鄂州。这期间，他写下不少优秀词作，如《蝶恋花》（伫倚危楼风细细）写羁旅行役的悲愁与思念伊人的柔情。其中最后两句"衣带渐宽终不悔，为伊消得人憔悴"被王国维在《人间词话》中比作"古之成大事业、大学问者"必经三重境界中的第二重境界，赋予其更为宽广的意义。

还有一首著名的长调《戚氏》（晚秋天）大约写于漂泊到楚地之时。

戚　氏

晚秋天，一霎微雨洒庭轩。槛菊萧疏，井梧零乱，惹残烟。凄然，望江关，飞云黯淡夕阳间。当时宋玉悲感，向此临水与登山。远道迢递，行人凄楚，倦听陇水潺湲。正蝉吟败叶，蛩响衰草，相应喧喧。

孤馆度日如年。风露渐变，悄悄至更阑。长天净，绛河清浅，皓月婵娟。思绵绵。夜永对景，那堪屈指，暗想从前。未名未禄，绮陌红楼，往往经岁迁延。

帝里风光好，当年少日，暮宴朝欢。况有狂朋怪侣，遇当歌、对酒竟留连。别来迅景如梭，旧游似梦，烟水程何限。念名利、憔悴长萦绊，追往事、空惨愁颜。漏箭移、稍觉轻寒，渐呜咽、画角数声残。对闲窗畔，停灯向晓，抱影无眠。

《戚氏》是柳永新创的词牌，全词共二百一十二字，长度在宋词中排名第二，排在第一的是南宋吴文英的《莺啼序》，二百四十字，也就是说，在北宋时期，这是最长的一首词。

这首词写的是晚秋时节，分为三段。第一段写景，傍晚时候，微雨过后，秋菊已谢，梧桐已残，江河关山皆黯然，秋蝉蟋蟀、败叶衰草，满目凄然，哀楚之声盈耳。第二段从眼前写到从前，夜深月明，形单影只，愁苦难尽，相思无期，时光流逝，一无所成。第三段从从前又写回到眼前，年少时汴京城里诗酒生涯，如今孤凄无眠待天明。到底是什么让人如此落魄凄凉，一句"念名利、憔悴长萦绊"概括而出。这首词从傍晚写到天明，从近景写到远景，回顾了往事，概括了人生，唱出了不遇之士天涯沦落的悲慨之音。宋代的王灼称赞说："《离骚》寂寞千载后，《戚氏》凄凉一曲终。"将这首词与《离骚》并列，是毫不为过的。

明道二年（1033）三月，刘太后离世，宋仁宗亲政。为了提升声誉，笼络人才，宋仁宗决定增加科举考试的名额，又特开"恩科"，对多次科举不中、沉沦落魄的士子格外开恩。景祐元年（1034）正月，宋仁宗下诏说："朕念天下士乡学益蕃，而取人之路尚狭，或栖迟田里，白首而不得进。其令南省就试进士、诸科，十取其二。进士五举年五十、诸科六举年六十，尝经殿试进士三举、诸科五举，及尝预先朝御试，虽试文不合格，毋辄黜，皆以名闻。"

这一年，柳永已经五十一岁，符合"进士五举年五十"这个条件。得知消息，他立刻从鄂州启程，前往京城，参加了春天的"恩科"考试。这一次考试总共录取一千六百四十人，其中进士五百零一人，诸科二百八十二人，特奏名八百五十七人（分进士特奏名、诸科特奏名），这在中国科举史上是非常罕见的。柳永与兄长柳三接毫无悬念地进士及第。

尽管已年过半百，但进士及第后的柳永还是相当兴奋的，他的《柳初新》（东郊向晓星杓亚）一词就写了及第后的喜悦心情。

柳初新

东郊向晓星杓亚。报帝里，春来也。柳抬烟眼。花匀露脸，渐觉绿娇红姹。妆点层台芳榭。运神功、丹青无价。

别有尧阶试罢。新郎君、成行如画。杏园风细，桃花浪暖，竞喜羽迁鳞化。遍九陌、相将游冶。骤香尘、宝鞍骄马。

这首词上片写京城春天的如画美景，柳吐新绿，花噙露珠，到处生机勃勃；下片写新进士宴饮、游览，正所谓"春风得意马蹄疾，一日看尽长安花"。与柳永其他词作相比，这首词并无多少奇异之处，只能说即景生情，把内心的喜悦成功地表现出来了。不过，这首词所反映的情感对全面理解柳永有一定的价值，尽管他放浪形骸，流连于烟花巷陌，但内心深处仍然视科举晋身为必不可少的正途。

及第之后，柳永被授予睦州（今浙江建德）团练推官，主要负责收发文件，协助知州处理一些公事。景祐二年（1035）二月，柳永从汴京启程，前往睦州任所。经过苏州的时候，他还特地拜访了在苏州任知州的范仲淹。

当时的睦州知州是吕蔚，他的父亲是吕端，在太宗朝时曾出任宰相。柳永虽然初次为官，但他的词早已家喻户晓。吕蔚很欣赏柳永的才华，对他也很友善，柳永到任才一个月左右，吕蔚就上书朝廷，举荐柳永。按照当时的制度，州县等长官是有资格也有责任向朝廷举荐人才的。不过，吕蔚的这次举荐很快就被侍御史否决了，理由是柳永做官时间尚短，什么政绩都没有，可见州官匆匆举荐，完全是出于私交。朝廷还因此下诏，从今以后，对刚刚做官还没有经过首次考核的人，州县长官不能举荐。这一条举荐人才的细则后来沿袭成为定制。

举荐受阻，柳永内心郁郁不乐，一首《满江红》（暮雨初收）流露出一些厌倦仕宦的情绪。

满江红

暮雨初收，长川静、征帆夜落。临岛屿、蓼烟疏淡，苇风萧索。几许渔人飞短艇，尽载灯火归村落。遣行客、当此念回程，伤漂泊。

桐江好，烟漠漠。波似染，山如削。绕严陵滩畔，鹭飞鱼跃。游宦区区成底事？平生况有云泉约。归去来、一曲仲宣吟，从军乐。

这首词上片主要"伤漂泊"，暮雨之后，江面平静，舟船停泊，水蓼上笼罩着一层烟雾，秋风吹动萧索的芦苇；渔人于灯火之中返回村落，不由得引发了漂泊之人的思归之心。下片主要写"云泉约"，桐江景美，游宦无趣，不如归隐。初入仕途不久的柳永在词中大声呼喊"归去来"，不过是他失望之后发发牢骚罢了。

宝元二年（1039），柳永调任浙江定海晓峰盐监。在此任上，他目睹了海边盐民的真实生活，对底层民众的苦难深有同情。一首七言古诗《鬻海歌》，记录了盐民煮盐的漫长过程及在各种租税、徭役下的苦难生活，反思、追问这一切的根源，提出了去兵、辍征、罢盐铁的政治主张。

鬻海歌

鬻海之民何所营，妇无蚕织夫无耕。

衣食之原太寥落，牢盆鬻就汝输征。

年年春夏潮盈浦，潮退刮泥成岛屿。

风干日曝咸味加，始灌潮波增成卤。

卤浓咸淡未得闲，采樵深入无穷山。

豹踪虎迹不敢避，朝阳出去夕阳还。

船载肩擎未皇歇，投入巨灶炎炎热。

晨烧暮烁堆积高，才得波涛变成雪。

自从潴卤至飞霜，无非假贷充糇粮。

秤入官中得微直，一缗往往十缗偿。

周而复始无休息，官租未了私租逼。

驱妻逐子课工程，虽作人形俱菜色。

鬻海之民何苦辛，安得母富子不贫。

本朝一物不失所，愿广皇仁到海滨。

甲兵净洗征输辍，君有余财罢盐铁。

太平相业尔惟盐，化作夏商周时节。

柳永一生写作了不少诗文，但他的词名太盛，诗文反被淹没，流传下来的很少。这首诗幸赖元代《大德昌国州图志》收录才传承下来，后世题名也不一致，有《鬻海歌》《煮海歌》《煮盐歌》《煮海盐歌》等。诗歌继承了乐府诗的传统，语言直白，有讽谏干世之意。

庆历三年（1043），柳永调任泗州（今江苏盱眙）判官。按照宋代的官员考核升迁制度，柳永在地方任职已经三任，历时九年，理应磨勘改官，提升为京官。能否晋升为京官，直接影响一生的仕途，柳永已经六十岁了，年满七十就得退休，所以他等不起。不过，朝廷既然不调他入京任职，他也只得先赴泗州任。

宋代的好几种笔记都记录了这样一个故事：宋仁宗身边有个姓史的宦官，非常佩服柳永的文才，对柳永在晋升京官过程中的遭遇很是同情。这时朝廷负责观察天象的司天台汇报说，天上有老人星出现，意味着大宋王朝的最高统治者宋仁宗长命百岁，宋仁宗很高兴。正巧教坊进献了新创作的一首曲子《醉蓬莱》，史姓宦官便乘机说，柳永歌词写得好，让他来填一下这首新曲子。柳永正在为不能晋升京官郁闷，碰到这样的机会，自然欣然受命。

醉蓬莱

渐亭皋叶下，陇首云飞，素秋新霁。华阙中天，锁葱葱佳气。嫩菊黄深，拒霜红浅，近宝阶香砌。玉宇无尘，金茎有露，碧天如水。

正值升平，万几多暇，夜色澄鲜，漏声迢递。南极星中，有老人呈瑞。此际宸游，凤辇何处，度管弦清脆。太液波翻，披香帘卷，月明风细。

很明显，这是一首歌颂皇帝的词。上片极力铺写皇宫秋景，叶落云飞，秋高气爽，宫殿耸立，祥云缭绕，新菊芙蓉，香气弥漫，殿宇洁净，甘露延年，仿若人间仙境。下片写皇帝出游，踏着月色，听管弦声声，寿星映照，看池苑波光粼粼，正是太平盛世。笔记中说，宋仁宗读这首词时，看到第一个字"渐"就面色不悦；读到"此际宸游，凤辇何处"几个字时，脸色大变，因为这与他给宋真宗撰写的挽词暗合；读到"太液波翻"时，说"为什么不用波澄呢"？一气之下，将柳永的词扔在地上。

柳永满心期望这首词会让皇帝高兴，却没想到触犯了宋仁宗的忌讳，晋升京官看来是遥遥无期了。这件事情的真实性很难判断，不过吏部迟迟不给柳永改官，肯定受到了某些影响，至少可以说，宋仁宗可能不大喜欢擅长填写艳词的柳永。

据宋人笔记《画墁录》记载，柳永忤逆龙鳞却不自知，又向宰相晏殊进状投诉。晏殊问道："贤俊作曲子么？"柳永答道："只如相公亦作曲子。"柳永如此回答，本意可能是说你我乃同道中人，借此拉近一下关系。不料晏殊却说："殊虽作曲子，不曾道'绿线慵拈伴伊坐'。"意思很明显，你的那些歌词，太低级趣味了，别和我套近乎。晏殊在歌词创作上造诣很高，对青年才俊也是极力提拔，但对柳永如此，只能说他了解到宋仁宗的态度，这是在提醒柳永。

晏殊敲打柳永的那句"绿线慵拈伴伊坐"，到底出自怎样的一首曲子呢？

定风波

自春来、惨绿愁红，芳心是事可可。日上花梢，莺穿柳带，犹压香衾卧。暖酥消，腻云亸。终日厌厌倦梳裹。无那。恨薄情一去，音书无个。

早知恁么。悔当初、不把雕鞍锁。向鸡窗、只与蛮笺象管，拘束教吟课。镇相随，莫抛躲。针线闲拈伴伊坐。和我。免使年少，光阴虚过。

这里原词与宋人笔记中记载的词句略有不同，但不影响我们理解词意。词作是以一个女子的口吻写的。上片先写春日心不在焉，花红柳绿激不起半点欣喜；再写因为相思失眠而晚起，起床之后也百无聊赖；又写形容憔悴，无心装扮，装扮给谁看呢？所有的一切都指向一个原因，情郎去后杳无音信。下片先写悔恨，前后勾连，有"忽见陌头杨柳色，悔教夫婿觅封侯"的意味，接着设想了一种理想的爱情生活：男子读书，女子做女红，相依相爱，长相厮守。这首词真率直露，情真意切，算得上一首优秀词作，晏殊等人为什么会鄙薄它呢？除了写得略微香艳一些，像齐梁"宫体诗"之风，更根本的一个原因是"俗"，把一些日常的口语直接写进了词里，浅白俚俗。在晏殊诸人眼中，尽管词是用来娱乐的，但也要高雅，才能符合文人的身份，而柳永一直站在歌女、市民的立场，专注于通俗歌曲的创作，反映他们的心声。后代认为元代的关汉卿围绕这首词，创作了杂剧《钱大尹智宠谢天香》，正说明柳永这首词在民间的深刻影响。

柳永的磨勘改官出现转机，是在这年的十月以后。八月，范仲淹任参知政事，十月，他向宋仁宗提出了十项改革措施，其中有一半是有关整顿吏治的，这就是庆历新政。新政内容中有关于官员磨勘改官的新规定，并要求对此前改官过程中选人进呈的奏状复核，做出公正公平的处理。对柳永来说，这是一个机遇。他的申诉经过复核，改官著作佐郎。

庆历六年（1046），柳永转官著作郎，负责编修日历；皇祐元年（1049），改官太常博士，掌管祭祀等事务；皇祐四年（1052），转官屯田员外郎，这一年，柳永大约六十九岁。屯田员外郎主要负责屯田、营田、学田、官庄的政令及相关事务，级别从六品上。因为这是柳永一生中级别最高的官职，后人经常尊称柳永为"柳屯田"。

皇祐五年（1053），柳永七十岁。按照宋代的行政制度，七十岁致仕，也就是退休。退休后，柳永在润州（今江苏镇江）定居，大约两三年后，卒于润州。

柳永的一生，有太多的模糊。他什么时候出生、什么时候去世，他一生的坎坷经历，他的仕宦，大都是推测出来的。正史中不给他立传，主要是因为他一生出入烟花巷陌，与乐工、歌女来往亲密，把士大夫的闲暇娱乐当成正经日子来过，他的悲欢喜乐都留在了秦楼楚馆。他的一生是不寂寞的，只要有人烟的地方，就飘荡着他创作的音乐，从井田到寺院，从民间到宫廷，从大宋王朝到西夏、契丹、高丽。传说他死后，家无余财，是一群歌女出资安葬了他，每年清明，她们聚集在柳永墓侧，追念知己，民间竟因此形成了一种习俗，称为"吊柳会""吊柳七"。

正史是帝王将相的家谱，而柳永是活在民间的。柳永对宋词的改造，最终让这种来自民间、充满原始生命力的文艺样式，走进了大雅之堂。

（关于柳永的生平，众说纷纭，目前没有一个比较一致的看法，不过关于他生活的大体时期及宏观经历，还是能够大概确定的。以上内容主要依据刘天文的《柳永年谱稿》确立的大致线索，参考诸家年谱及个人看法梳理而成，也是一家之言。特此说明。）

醉翁之意不在酒

——欧阳修诗传

北宋熙宁五年（1072），一代文宗欧阳修溘然离世。

家人、故交、挚友、门生，乃至政敌，都为之震颤，纷纷回忆起欧阳修生前的一些片段，汇成了欧阳文忠公的纪录片。

他自小是个苦孩子，无父无钱无颜值，唯有一股勤奋劲。

他自小又是个幸福的孩子，有妈有爱有教导，一根荻草知古今。

他走出乡野，只身远走谋前程。虽有坎坷，但腹有诗书才华，任谁遮也遮不住。于是，他用自己的力量改变了命运。

宦海沉浮，跌跌宕宕，他也曾贬至偏僻地，也曾位至显赫处，然其内心总是保持着一个信念：谅直骨鲠，拒塞邪说，宽简为民，不辱使命。即便惹得污垢满身，他亦不改初心，不变本色。

他一生渴望良师益友，与其同声相应，同气相求，切磋文艺，畅谈人生，如饮美酒，如入兰室，是他追求良久的理想。他的追求惠及年轻学子，王安石、苏轼、苏辙、曾巩等都曾得其帮助提携。正是这种努力，他们共同改变了北宋文坛持续已久的弊病。

唯独，他没有照顾好自己。白发早生，双目昏花，百病缠身，备受煎熬。

待看尽了功名利禄，看透了人世沉浮，他遵从内心，解甲归田。藏书一万卷，金石遗文一千卷，琴一张，棋一局，酒一壶，老翁一个，好个六一居士一醉翁。

六十六载岁月，落幕于颍州美丽的西湖畔，他走完了无怨无悔的一生。轻风吹，花草香，悠悠身世如浮云。

宋代文学之所以能够继往开来，自成一代，应该感谢他——文章太守、一代儒宗欧阳修。

景德四年（1007）六月，欧阳修出生在绵州（今四川绵阳）。父亲名欧阳观，是绵州的军事推官。当时欧阳观已年近花甲，老年得子，感谢上天垂怜，为儿子取名欧阳修，修有长久之意，他希望儿子福寿绵长。

欧阳观幼年丧父，靠自己的刻苦努力与顽强拼搏，四十九岁终于得中进士，先后任道州（今湖南道县）判官，泗州（今安徽泗县）、绵州推官。推官官职不高，主要辅佐地方长官处理军政。欧阳观宅心仁厚，审理案件时，总想为死刑犯寻找一线生机，避免无法弥补的遗憾发生。

欧阳修的母亲郑氏出身于江南名族，温婉娴淑，恭俭仁爱。郑氏是欧阳观的继室，与欧阳观相差近三十岁，但二人琴瑟和谐，相互照拂。后来郑氏又生一女，一家人其乐融融，生活美满。

年幼的欧阳修在父母的关爱中快乐成长。可惜快乐太短暂了，欧阳修四岁的时候，父亲在泰州判官任上去世。父亲一生为官清廉，没有积聚下多少钱财，留下年轻的母亲拉扯着一双儿女艰难度日。

欧阳修有一叔叔，名叫欧阳晔，当时在随州任推官。孤苦无依的郑氏只好带着儿女投奔欧阳晔。欧阳晔见到风尘仆仆而来的孤儿寡母，心中五味杂陈：见到了侄子，却不见了兄长！如此幼子，就要承受丧父之痛！自此以后，欧阳晔对他们一家尽心照顾，对欧阳修视若己出。

郑氏自幼读书，知书达理，她做工自力于衣食，却没钱给孩子买学习必需的笔墨纸砚，便就地取材，以荻草秆为笔，以土地为纸，一笔一画地教欧阳修识字、练字，留下了"画荻教子"的典故。她还亲自为欧阳修讲解童蒙读物，为他诵读古人篇章，教他学写诗文，并经常带着他到当地的孔庙习认碑文、学习文章书法。郑氏以一己所学、所为，为欧阳修开启了一扇窗，那里有诗书礼仪，有修身齐家治国平天下，还有梦想与远方。

父亲的印象慢慢模糊，母亲不愿意父亲完全消失在欧阳修的世界中，她抱着年幼的欧阳修，满脸敬佩地讲父亲的故事，一遍又一遍，勤于政事、宽厚仁爱的父亲形象便清晰起来。为了让欧阳修有更直观的认识，母亲告诉他，叔叔欧阳晔的音容笑貌、言谈举止与父亲特别像，看到叔叔就是看到父亲了。

确实，欧阳晔也擅长决断疑案，为官清廉仁爱，刚正不阿。他经常辅导欧阳修诗书文章，教他做人做事的道理。从某种程度上讲，欧阳晔充当了欧阳修父亲的角色。欧阳修在耳濡目染中，有了生活的榜样，他要做一个像父亲、叔叔那样的人，做一个让父亲、叔叔、家族都为之骄傲的人。

对于家境贫寒的欧阳修来说，改变命运、实现理想的唯一途径就是科举。家中没有书读，他就想方设法去借，每次借来书，便废寝忘食地阅读，还要抄录下来。常常还没有抄录完成，他就已经能将文章背诵下来了。

欧阳修经常去借书的是城南一户李姓人家。这户人家是当地大族，藏书丰富，对孩子们要求也很严格。有一次，欧阳修在李家的一个破筐中发现了几本残破的《昌黎先生文集》，知李家不看重此书，便请求将此书送给他。李家应允，欧阳修如获至宝，抱着次序颠倒的残卷，如饥似渴地阅读。他被那恢宏奔放的文风吸引，韩愈这个名字牢牢地烙在了他心中。

天圣元年（1023），十七岁的欧阳修参加了随州乡试。考试的题目是《左氏失之诬论》，就是对《左传》中某些神异荒诞的记载做出评议。欧阳修熟习《左传》，胸有成竹，条列内容甚全，并有奇警之句，写就了一篇洋洋洒洒的好文章。但是，此次欧阳修没有如愿，他落榜了，原因是文章没有按照官方规定的韵脚押韵。

初次出师，落败而归，这对极度渴望科举改变命运的欧阳修来说是一个不小的打击。回到家中，他再次拿出那本珍藏的《昌黎先生文集》细细品读，似乎一下子读懂了韩愈，不禁喟然长叹："学者当以昌黎先生为楷模！"正是在这一天，欧阳修给自己确立了两步走的目标：先考中进士，拿俸禄奉养亲人；有了俸禄，没有后顾之忧，便要光大韩愈的为文之道。

目标明确了，欧阳修更加努力了，总结经验，反思教训，有的放矢。天圣四年（1026），他再次参加了随州乡试，毫无悬念地通过了考试。冬天，他离开随州，只身一人前往京师，参加来年春天礼部进士科考试。没想到命运又和他开了个玩笑，他再次落榜。南归途中，一首《南征道寄相送者》，黯然神伤之情尽显。

南征道寄相送者

楚天风雪犯征裘，误拂京尘事远游。
谢墅人归应作咏，灞陵岸远尚回头。
云含江树看迷所，目逐归鸿送不休。
欲借高楼望西北，亦应西北有高楼。

天圣六年（1028），欧阳修到汉阳（今湖北武汉汉阳区）拜谒汉阳知军、翰林学士胥偃。胥偃素有文才，亦喜文士。他读过欧阳修的诗文之后，拍手称奇，断言其一定会扬名于世。

胥偃与欧阳修的相遇，为欧阳修按下了人生的快捷键。胥偃将欧阳修留在自己门下，怜惜奖掖，不断指引，回京任职时特意让其随行。他带着欧阳修参加京城的各种文人聚会，不断在名人达官面前赞誉欧阳修。欧阳修这个名字慢慢被人记住。

为了让欧阳修更顺利地发展，胥偃举荐其至国子监学习。天圣七年（1029），欧阳修以第一名的成绩通过了国子监的考试，被补录为广文馆的学员。

胥偃精心打造的这条绿色通道，欧阳修靠才华与努力铺筑成了康庄大道——他接连考取了国子监的广文馆试、国学解试、礼部省试的第一名，成为监元、解元、省元，创造了"连中三元"的佳话。

重重闯关，最后一关是殿试。欧阳修信心满满，志在必得，似乎已看到了自己高中状元的闪亮时刻。人生有时就是如此富有戏剧性，尽管欧阳修诗赋文章写得漂亮，状元却是花落别家。原来殿试的主考官之一是资政殿学士晏殊，他认为欧阳修锋芒过露，为助其成长，必须要挫其锐气。就这样，新科状元是王拱辰，欧阳修排名十四。

王拱辰与欧阳修早就认识，文才亦不俗。据说，当初殿试之前，意气风发的欧阳修特意做了一件新衣服。王拱辰见其衣服漂亮，借着酒意，将这件衣服穿在了自己身上，兴高采烈地喊着："穿状元袍喽，穿状元袍喽！"没想到，一番玩笑却一语成真，殿试唱名之日，王拱辰果真穿上了状元袍。

天圣八年（1030）五月，欧阳修被任命为将仕郎、试秘书省校书郎，充西京（今河南洛阳）留守推官。留守推官是实际职务，即洛阳地方长官的僚属，负责审讯罪犯等。这个工作欧阳修并不陌生，他的父亲、叔叔都曾做过类似的工作，而且自小到大母亲讲述父亲审案的事情，他几乎倒背如流，他要求自己也能践行父亲的仁德之心。

有了工作，有了俸禄，欧阳修最迫切的心愿就是回报母亲，母亲的勤俭、辛劳历历在目。所以在履职之前，他专程回到随州接来母亲，朝夕侍奉，尽心尽孝。

金榜题名之后，欧阳修又迎来了他的洞房花烛夜，新娘是恩师胥偃的二女儿。新婚燕尔，欧阳修写下《南歌子》（凤髻金泥带）一词，刻画了一位娇羞、温柔的新嫁娘。画眉问夫婿，纤手弄笔管，依偎郎君边，笑问鸳鸯字，充满柔情蜜意。

南歌子

凤髻金泥带，龙纹玉掌梳。走来窗下笑相扶。爱道画眉深浅入时无。

弄笔偎人久，描花试手初。等闲妨了绣功夫。笑问双鸳鸯字怎生书？

天圣九年（1031），欧阳修到达洛阳。初入职场的欧阳修是幸运的，因为他任职的洛阳是繁华都市、文化名城，更加幸运的是，他遇到了一位好上司——钱惟演。钱惟演出身不俗，本是五代时期吴越王钱俶的儿子，素喜读书，亦喜文辞，还喜文士。钱惟演对欧阳修等人极其宽容，不用吏事束缚他们，给予他们无限的支持与肯定。

有一次，钱惟演在后花园宴饮文士，众人坐定，唯独不见欧阳修的身影。过了很长时间，欧阳修才与一位歌女姗姗而至。钱惟演责问歌女为何来迟，歌女答自己丢了金钗，四处寻找不得，故而来迟。钱惟演笑道："若得欧推官一词，当为偿汝。"他就替歌女买一支新钗。欧阳修一听，兴致满满地写下了著名的《临江仙》（柳外轻雷池上雨），描摹了一位夏日昼寝、独守空闺，孤独又内心充满期待的女子。

临江仙

柳外轻雷池上雨，雨声滴碎荷声。小楼西角断虹明。阑干倚处，待得月华生。

燕子飞来窥画栋，玉钩垂下帘旌。凉波不动簟纹平。水精双枕，傍有堕钗横。

西京幕府多名士，欧阳修在洛阳结识了一批志同道合的好友。他与时任河南县主簿的梅尧臣一见如故，后来写诗回忆说："逢君伊水畔，一见已开颜。不暇谒大尹，相携步香山。"（《书怀感事寄梅圣俞》）尹洙是梅尧臣的内兄，古文很有功力。欧阳修与尹洙"奇文共欣赏，疑义相与析"，彼此砥砺，共同提高。有一次，钱惟演新建一楼，邀请欧阳修、尹洙写文为记。欧阳修率先垂笔，千余字一气呵成，尹洙说只要五百字即可。欧阳修内心佩服，便不断揣摩文法，反复练习，又别作一记，比尹洙之文少了二十字，且完粹有法。尹洙看后，称欧阳修的进步一日千里。

　　明道元年（1032）春，欧阳修与梅尧臣重游洛阳城东旧地，有感朋辈聚散苦匆匆，写就《浪淘沙》（把酒祝东风）一首。

浪淘沙

　　把酒祝东风。且共从容。垂杨紫陌洛城东。总是当时携手处，游遍芳丛。

　　聚散苦匆匆。此恨无穷。今年花胜去年红。可惜明年花更好，知与谁同。

　　第二年正月，欧阳修因公事至京城，随后又去随州探望了叔父欧阳晔，途中写下了那首著名的《踏莎行》（候馆梅残）。

踏莎行

　　候馆梅残，溪桥柳细。草薰风暖摇征辔。离愁渐远渐无穷，迢迢不断如春水。

　　寸寸柔肠，盈盈粉泪。楼高莫近危阑倚。平芜尽处是春山，行人更在春山外。

这首词写漂泊之人思家、深闺之人忆人，把看不见的离愁写成实实在在的春水，把看得见的行人写到看不见的春山之外，把虚的写实，把实的写虚，一片离愁展现得淋漓尽致。

这一趟旅程历时近两个月，因为家中夫人即将生产，欧阳修"归心随北雁，先向洛阳家"（《花山寒食》），夫人生下一子，却产后染病，悉心照顾之下还是撒手人寰，年仅十七岁。

斯人已逝，欧阳修在脑海中一遍遍回放往昔的恩爱图景，时而清晰，时而模糊，不忍拂去，宁愿沉浸其中，不肯面对空房。一日，欧阳修又独自一人呆坐书房，借酒消愁，写下了《少年游》（去年秋晚此园中）一词，今昔对比，惆怅满怀，惜永别，念爱人。

少年游

去年秋晚此园中。携手玩芳丛。拈花嗅蕊，恼烟撩雾，拚醉倚西风。

今年重对芳丛处，追往事，又成空。敲遍阑干，向人无语，惆怅满枝红。

这一年对欧阳修来说，主题词是死别与生离：夫人离世，是死别；钱惟演离职，是生离。二者带走了欧阳修颇为惬意的一段人生岁月。钱惟演一生都在追求权力，希冀位居权要，但政治舞台风云变幻，在追随的刘太后去世之后，他遭遇弹劾，被调离洛阳，到随州任职。

离别之时，欧阳修一行依依送别，钱惟演置酒作词，令歌女演唱，甚为悲戚，送行诸人纷纷落泪。欧阳修作《留守相公移镇汉东》一诗，化用钱惟演早年诗句，书写离别。

留守相公移镇汉东

周郊彻楚坰，旧相拥新旌。

路识青山在，人今白首行。

问农穿稻野，候节见梅英。

腰组人稀识，偏应邸吏惊。

时间转眼到了景祐元年（1034）春，阳光明媚，冰雪消融，但是欧阳修的心情依然沉闷，陷入深深的孤独中无法自拔。三月，任期已满，欧阳修要离开洛阳了。洛阳留给他太多美好的回忆，离别之际，他作了好几首《玉楼春》，寄予了复杂的情感。

玉楼春

尊前拟把归期说。未语春容先惨咽。人生自是有情痴，此恨不关风与月。

离歌且莫翻新阕。一曲能教肠寸结。直须看尽洛城花，始共春风容易别。

人生离别，伤心断肠，这首词豪宕之情中隐藏着深深的悲痛。"人生自是有情痴，此恨不关风与月"两句把个人的离愁，推广到人生更普遍意义的感情层面，被广为传诵。

五月，欧阳修顺利通过翰林学士院的考试，做了馆阁校勘。七月，宋仁宗下诏编辑《崇文总目》，要求将馆阁所藏图书分类编次著录，去其重复，补写遗漏。欧阳修有幸参与了这项大工程，他的学识在工作中不断增长。

还是在这一年，欧阳修再婚，娶的是谏议大夫杨大雅的女儿，家庭生活重新步入正轨。新夫人温恭孝顺，悉心照顾婆母，持家有道，家中一切重新井井有条。

京城满眼繁华，但欧阳修的思绪总会飞回洛阳，洛阳城的故友、洛阳城的山水，总在不经意间进入他的生活。当然，其中最绚烂的是那"花开时节动京城"的国色牡丹。于是，欧阳修带着满满的回忆写成了《洛阳牡丹记》，记录牡丹的品种，写各种牡丹名称的由来，以及相关的各种风俗逸事。这是中国历史上第一部研究牡丹的专著。

无奈天不遂愿。景祐二年（1035）七月，欧阳修的妹夫张龟正离世；九月，新夫人杨氏又香消玉殒，年仅十八岁。三年之间，三位亲人相继离世，这对欧阳修打击很大，三十不到，未老先衰。他写诗说："独行时欲强高歌，一曲未终双涕洒。可怜明月与春风，岁岁年年事不同。"（《送张屯田归洛歌》）

景祐三年（1036）上元节，京城火树银花，花团锦簇，看灯之人两两结伴，三五成群，享受着节日的欢快与相伴的美好。失去爱人的欧阳修却过得分外煎熬。去年上元节，新婚妻子偎依在侧，花市同观灯；今年上元节，妻子已去，喧嚣与孤寂，美好与遗失，两相对比，泪水不觉湿透衣裳。一首《生查子·元夕》，写给已逝的妻子，词浅情深，满是无限的思念。

生查子·元夕

去年元夜时，花市灯如昼。月上柳梢头，人约黄昏后。
今年元夜时，月与灯依旧。不见去年人，泪湿春衫袖。

这一年，吏部员外郎、权知开封府范仲淹对宰相吕夷简等人把持朝政、用人唯亲、培植党羽很是不满，向宋仁宗进献《百官图》，将朝廷主要部门官员升迁的路径调查得清清楚楚，梳理得明明白白。当然，吕夷简也不甘示弱，他诬蔑范仲淹勾结朋党，离间君臣，甚至以辞相要挟，结果说真话的范仲淹被贬饶州（今江西鄱阳）。

范吕之争，牵涉面甚广，秘书丞余靖、太子中允尹洙亦作为朋党被贬。朝中官员忌惮吕夷简的威势，不敢直言。作为谏官的高若讷更是一言不发，私下还诋毁范仲淹。欧阳修十分气愤，慨然写信斥责，成《与高司谏书》一文。文章指责高若讷是非不分，黑白颠倒，虚伪卑鄙，落井下石，同时也充满了对吕夷简的不满，有理有据，气势磅礴。结果，欧阳修被贬为夷陵（今湖北宜昌）县令。

欧阳修五月离京，七月中旬路经真州（今江苏仪征）。云气苍茫中，一叶孤舟在辽阔的大江上行驶，舟中的欧阳修从容地欣赏着江边景色，看云间大雁飞下水田，看枫叶映红了霜日，自然之景涤荡了诗人内心的孤寂与迷惘。

初出真州泛大江作

孤舟日日去无穷，行色苍茫杳霭中。

山浦转帆迷向背，夜江看斗辨西东。

澨田渐下云间雁，霜日初丹水上枫。

莼菜鲈鱼方有味，远来犹喜及秋风。

溯江而上，欧阳修九月四日到达岳州（今湖南岳阳），夜泊于岳阳城外的洞庭湖口，月华之下，沉思难眠，写下《晚泊岳阳》一诗，描绘了一幅清丽明快的洞庭夜景图：城里钟、城下树、江上月、水上云、江上歌、水上船，句句写景，字字平易，缕缕情思，深婉曲折。

晚泊岳阳

卧闻岳阳城里钟，系舟岳阳城下树。

正见空江明月来，云水苍茫失江路。

夜深江月弄清辉，水上人歌月下归。

一阕声长听不尽，轻舟短楫去如飞。

十月二十六日，欧阳修抵达夷陵，结束了五个月的羁旅奔波。夷陵隶属峡州，峡州知州朱正基与欧阳修为旧交，对其照拂有加。感佩欧阳修直言敢谏，朱正基在夷陵县衙大堂东为欧阳修建了一处新居。欧阳修既至而喜，命名为"至喜堂"，为此专门写作了《夷陵县至喜堂记》，颂扬夷陵朴野的风俗及秀美的风景。

在夷陵，欧阳修真真正正地做了一些实事，处理了一些陈年公案、冤假错案。他与峡州军事判官丁宝臣、推官朱处仁友善，公事之余，他们经常聚会游玩，诗酒唱和，留下不少作品，其中最著名的是《夷陵九咏》九首诗，《黄溪夜泊》是其中之一。

黄溪夜泊

楚人自古登临恨，暂到愁肠已九回。

万树苍烟三峡暗，满川明月一猿哀。

非乡况复惊残岁，慰客偏宜把酒杯。

行见江山且吟咏，不因迁谪岂能来？

黄溪是夷陵境内的一条溪水。这首诗首联点明主旨恨与愁；颔联写景，暗淡朦胧，境界阔大，处处苍凉；颈联写悲苦的情怀，只能借酒浇愁；尾联自我解嘲，故作旷达。全诗颇似杜甫七律，苍凉沉郁，是欧阳修名篇之一。

景祐四年（1037），丁宝臣写了一首《花时久雨》赠送欧阳修，欧阳修作《戏答元珍》回赠。

戏答元珍

春风疑不到天涯，二月山城未见花。

残雪压枝犹有橘，冻雷惊笋欲抽芽。

夜闻归雁生乡思，病入新年感物华。

曾是洛阳花下客，野芳虽晚不须嗟。

"元珍"是丁宝臣的字，"戏"为游戏之意，但游戏下面隐藏的恰恰是欧阳修被贬谪之后的真情实感：寂寞难言，又善于自我宽慰。雪下有橘，雷中有芽，夜里听雁，病中感华，一切残酷背后都孕育着美好与希望，诗人虽处困境，却对未来充满信心。

这年八月，欧阳修再次喜结良缘，娶的是已故简肃公薛奎的四女儿。薛奎曾任参知政事，当初欧阳修初入馆阁之时，他就有意将四女儿嫁给他，后因薛奎突然离世，此事也就搁下了。这时薛奎的侄子薛仲孺向欧阳修旧事重提，成就了一段姻缘。

景祐五年（1038）三月，欧阳修量移光化军乾德（今湖北老河口）令。量移意为被贬的官员遇到朝廷恩赦，调往离京城近一点的地方任职。但是在乾德任上，欧阳修颇感压抑，缺少知己，与上司也不和谐，第一个妻子所生的儿子又不幸夭折。他通过与远方朋友的书信往来、四处访碑来化解内心深处的郁闷与伤心，他后来编纂的《集古录》中收录的有些碑就是这个时期访到的。《集古录》是一部研究金石铭刻的著作，搜集了周秦到五代的碑刻拓片，欧阳修一一为之题跋，有重要的史学、书学价值。

康定元年（1040），因为宋军与西夏军交战惨败，西北边境告急，朝廷决定起用范仲淹，任命其为陕西都转运使。欧阳修也被召回京，还是担任馆阁校勘，继续《崇文总目》的编修工作。第二年年底，《崇文总目》六十卷编纂完成，这是北宋最大的一部图书目录，卷帙浩繁，体例完备，对了解繁荣的北宋文化有重要价值，可惜的是，流传至今的本子是清人从《永乐大典》中辑出的一个残本。

此时，吕夷简仍然当国，欧阳修自觉在朝中不能有所作为，便以家贫为由，自请外任，于庆历二年（1042）九月出任滑州（今河南滑县）通判。不过，这次外任时间很短，第二年春，吕夷简罢相，欧阳修再次被召回京，转太常丞，奉命知谏院。谏院相当于一个舆论机构，权限很大，对朝廷百官的任用及各种政事都可以提出意见，规谏朝政缺失，即便说错了也不追究，是监督朝廷官员的重要力量。

从宋太祖建国到庆历年间已有八十余年，官僚队伍日益庞大，效率低下，民生贫困，辽和西夏不断威胁北方、西北边境，社会危机日益凸显。庆历三年（1043），范仲淹、欧阳修等人纷纷上书言事，提议限制冗官，提高效率，改革选人制度，以节省钱财。宋仁宗大部分予以采纳，北宋历史上轰动一时的庆历新政开始了。

庆历新政时期是欧阳修人生中一段激情燃烧的岁月。宋仁宗对他很信任，任命他为右正言、知制诰，负责皇帝诏令的起草，成为庆历新政改革的干将。自古改革都会遭到抵制。那些朝中利益受到损害的人，纷纷散布流言，诋毁改革者，说他们是拿着国家权力为自己谋私利，是关系紧密的朋党。一时之间流言甚嚣尘上，不绝于耳。为此，欧阳修写了《朋党论》，呈送宋仁宗，驳斥保守派的谬论，为君子之党辩护，辨明朋党之诬。此文理足气盛，掷地有声，是欧阳修的一篇名文。

保守派无所不用其极，一计不成又生一计，他们模仿笔迹，诬蔑改革派富弼等人私撰废立诏书。这事可非同小可，尽管宋仁宗未必全信，但范仲淹等人惶恐不安。此时边事再起，欧阳修便借此请求外出巡守。庆历四年（1044）八月，欧阳修以龙图阁直学士出任河北都转运使。

然而，这还不算完。庆历五年（1045）欧阳修回京，又遭遇了御史台的弹劾，被安了一个令人羞耻的罪名——盗甥。当初妹夫去世，欧阳修接回寡居的妹妹及妹夫与前妻所生的女儿，外甥女成人之后，欧阳修将其许配给自己的堂侄。谁知后来外甥女与一男仆勾搭成奸，事情败露后被押送到开封府。这本是一桩普通的通奸案，只因涉及欧阳修的外甥女，主审此案的开封府尹及身后更高级别的保守势力，便硬生生地打造出一段欧阳修早年通奸未婚外甥女并霸占张氏财产的劲爆新闻。

新闻一出，宋仁宗震怒。虽然子虚乌有，但还是造成了不良影响。庆历五年（1045）八月，宋仁宗黜落欧阳修的龙图阁直学士、都转运使，以知制诰贬知滁州。被贬不算什么稀罕事情，以前又不是没被贬过，这次参与庆历新政的人不是都被贬了吗？但欧阳修心里久久不能平静，因为他是带着"丑闻"走的。

这一年，对欧阳修来说，确实是个难熬的岁月。他的长女师夭折，在此之前，已有长子、次女夭折，三次丧子之痛，真是心如刀割，"一割痛莫忍，屡痛谁能当"（《白发丧女师作》）。他只能在回忆与女儿同处的场景中暂时温暖一下受伤的心，怎奈一生痛楚忘不掉啊！"八年几日兮百岁难期，于汝有顷刻之爱兮，使我有终身之悲。"（《哭女师》）

九月，欧阳修前往滁州。初入汴水，一片秋色，柳树黄，霜露白，萧瑟凄冷，只有那南飞的大雁与他一样，哀鸣阵阵，不得不行。一首《自河北贬滁州初入汴河闻雁》，写其愁绪。

自河北贬滁州初入汴河闻雁

阳城淀里新来雁，趁伴南飞逐越船。

野岸柳黄霜正白，五更惊破客愁眠。

初至滁州，欧阳修不能忘却的还是政敌诬陷他的莫须有的罪名。在《滁州谢上表》中他说："臣自蒙睿奖，尝列谏垣，论议多及于贵权，指目不胜于怨怒。若臣身不黜，则攻者不休，苟令谗巧之愈多，是速倾危于不保。"他得罪权贵，全由职责所在，他理解皇帝的安排，离开朝廷，远离风波，未尝不是一件幸事。而对那些诬陷自己的人，欧阳修咬牙切齿地恨。在咏物诗《啼鸟》中，他借巧舌之鸟发泄对构陷者的痛恨，"我遭谗口身落此，每闻巧舌宜可憎"。

滁州山水是一剂疗伤的灵药。看层峦叠嶂，听潺潺流水，谈古今诗文，品香茗美酒，可以暂时忘却心中的不快。滁州有座琅琊山，山中泉水清洌，据说欧阳修每次雅集都派人汲取山泉水烹茶。有一次，前往汲水的人用他处的泉水替换，被欧阳修品出了"与前不同"。询问实情之后，他饶有兴趣地去探访了山泉。山泉周围风景秀美，令人心旷神怡，欧阳修心中喜悦，便在此建造了一座小亭与百姓共乐，取名为"丰乐亭"，意为生于无事之时方可安享丰年之乐。名文《丰乐亭记》专门记载了此事。

《醉翁亭记》是欧阳修在滁州创作的散文中的一座丰碑，也是中国文学史上不可多得的山水佳作。醉翁亭坐落在群山之中，能尽览滁州全景，此为得地利；滁州人出游其间，欢声笑语，鱼儿肥，泉水清，与太守欢畅宴饮，太守与民同乐，此为得人和。此二者，恰恰是欧阳修为亭取名"醉翁亭"的用意所在。醉翁，欧阳修自谓，"饮少辄醉，而年又最高，故自号曰醉翁也"。但此处醉翁之醉，全非醉酒之醉，亦因山水而醉，与百姓同乐而醉，正所谓"醉翁之意不在酒，在乎山水之间也"。

身处逆境，自我砥砺，旷达自持，再加上精巧的构思、优美的意境、凝练的语言、深厚的意蕴，《醉翁亭记》一出，备受推崇，一时间天下莫不传诵。据说，后来游走四方的商人随身都带着《醉翁亭记》的拓本，到了关口，以此赠给监官，可以减免关税。

　　欧阳修在滁州的生活日渐有趣，诗歌也轻松起来，一首《画眉鸟》即是明证。此诗托物言志，前后对比，表明自己寄情山林的人生选择，赞美自由自在、舒适畅快的生活。

画眉鸟

　　百啭千声随意移，山花红紫树高低。

　　始知锁向金笼听，不及林间自在啼。

　　在滁州任上，欧阳修为政宽简，深得民心。他写了不少记录滁州美好风景和农村生机勃勃气象的诗歌。

丰乐亭游春三首

其三

　　红树青山日欲斜，长郊草色绿无涯。

　　游人不管春将老，来往亭前踏落花。

田　家

　　绿桑高下映平川，赛罢田神笑语喧。

　　林外鸣鸠春雨歇，屋头初日杏花繁。

　　这两首诗都写于庆历七年（1047）春，前者以红树、青山、绿草、夕阳、落花描绘了一幅滁州暮春图；后者以绿桑、鸣鸠、村民的欢歌笑语及盛开的杏花勾勒了滁州农村社日祭祀田神、祈求丰年的热闹场景。

琅琊溪

　　空山雪消溪水涨，游客渡溪横古槎。

　　不知溪源来远近，但见流出山中花。

这是欧阳修组诗《琅琊山六题》中的第二首，写了眼前的实景——溪水、渡桥，还写了看不见的虚景——积雪、山花。实景很美，虚景更加迷人，令人神往。以小景写大景，从侧面体现了整个琅琊山的风貌，引出了一个更为广阔的审美空间。

庆历八年（1048），朝廷诏令欧阳修知扬州。赴任之时，恰逢二月时节，阳光明媚，柔柳轻明，欧阳修看着扶老携幼前来送别的滁州百姓，回望这座给予自己欢乐与认可的城市，感慨良多。一首《别滁》，写出了浓浓依恋情，道不尽依依不舍意。

别　滁

花光浓烂柳轻明，酌酒花前送我行。

我亦且如常日醉，莫教弦管作离声。

扬州为东南水陆交通枢纽，是当时繁华的大城市。前任知州是韩琦，他是庆历新政的支持者，治理扬州有方，为百姓所喜爱。欧阳修就任之后，萧规曹随，手下官吏、百姓既能做自己的事，又能做好该做的事，几个月时间，欧阳修的声誉亦有口皆碑。

扬州有古刹大明寺，建于南朝刘宋大明时期。欧阳修前往游览时，发现这个地方位置独特，远山近景，尽收眼底，于是在寺中筑堂，因远处群山看上去与此堂檐楹齐平，故取名"平山堂"，并亲自在堂前栽下一棵柳树。公务之余，欧阳修经常和朋友在此聚会，饮酒唱和。离开扬州多年之后，他对此仍念念不忘，一曲《朝中措》（平山阑槛倚晴空）回忆这段快乐的时光，写了一个风流儒雅、豪放旷达的文章太守，往日豪情，依然历历在目。

朝中措

平山阑槛倚晴空。山色有无中。手种堂前垂柳，别来几度春风。

文章太守，挥毫万字，一饮千钟。行乐直须年少，尊前看取衰翁。

八月，知己梅尧臣赴陈州（治今河南淮阳）任职，途经扬州，二人会晤，通宵夜话，把酒畅饮。此次相会，匆匆又离别，高兴之余倍加伤感。二人宦海沉浮数年，均不得志，如今皆生白发，此后经年，不知何日重逢。回忆当初洛阳的青葱岁月，再看今朝洛阳旧友多离世，感喟良多，一曲《夜行船》（忆昔西都欢纵）充满了悲情。

夜行船

忆昔西都欢纵。自别后、有谁能共。伊川山水洛川花，细寻思、旧游如梦。

今日相逢情愈重。愁闻唱、画楼钟动。白发天涯逢此景，倒金尊、殢谁相送。

这年冬天，欧阳修眼睛患病，痛如刀割，遂以眼疾为由，自请去颍州（今安徽阜阳）任职。宋代的笔记对这次移知颍州还记载了一个香艳的故事，说欧阳修曾闲居颍州，与一歌女偶遇，此歌女能演唱欧阳修所有的词作，欧阳修大为吃惊和感动。酒宴之上，他许诺日后一定来颍州做知州。这次自请颍州，就是为了兑现承诺。不过，欧阳修到任后，歌女已不知所终。笔记中还说，欧阳修的《初至颍州西湖种瑞莲黄杨寄淮南转运吕度支发运许主客》一诗中，就表达了未见歌女的遗憾。

初至颍州西湖种瑞莲黄杨寄淮南转运吕度支发运许主客

平湖十顷碧琉璃，四面清阴乍合时。

柳絮已将春去远，海棠应恨我来迟。

啼禽似与游人语，明月闲撑野艇随。

每到最佳堪乐处，却思君共把芳卮。

欧阳修这首诗那么长的题名，已经把诗歌的意图说得清清楚楚了，全诗描写了颍州西湖美景，有风、有月，却无关风月，诗是写给两位男子的。

事实上，欧阳修的确对颍州一见钟情，它既不像衰敝的夷陵，也不像繁华的扬州，它的美恰到好处。"二十四桥明月夜，玉人何处教吹箫。"可是，欧阳修宁愿将扬州的"二十四桥月"，换得颍州的"西湖十顷秋"！

浣溪沙

堤上游人逐画船，拍堤春水四垂天。绿杨楼外出秋千。白发戴花君莫笑，六幺催拍盏频传。人生何处似尊前。

这是一幅春日泛舟西湖图。上片写西湖美景：游人、画船、春水、天幕、绿杨、楼台、秋千，还有一个未曾露面的秋千上的美人；下片写游船宴饮之乐，白发插花，又添春色，丝竹繁奏，酒杯频传，狂放不羁，乐而忘形。

皇祐二年（1050）七月，欧阳修改知应天府（今河南商丘）兼南京留守司事。应天府是北宋的陪都，此次官职的变动是升迁，但他的情绪并没有那么高涨，母亲身体多病，自己又患眼疾，至交好友一个个去世，他心力交瘁，黯然神伤，渐生归隐之念。皇祐四年（1052）三月十七日，母亲郑氏病逝，享年七十二岁。

欧阳修四岁丧父，与母亲相依为命，如今母亲离世，他悲痛欲绝，肝肠寸断，特辞去官职，回颍州守丧。守丧期间，他深居简出，完成了《五代史》七十四卷。欧阳修的《五代史》，远绍春秋笔法，书法谨严，文笔出类拔萃，是唐代以后唯一一部个人编修的正史，为了与薛居正等编纂的官修《五代史》区别，后人称之为《新五代史》。

皇祐五年（1053）秋，欧阳修在颍州遍寻墓地不成，只好护送母枢归葬故里吉州吉水县沙溪镇，安葬于泷冈（今江西永丰县南凤凰山），然后又返回颍州守丧。此行水路往返四千余里，南北奔波劳苦，让体衰多病的欧阳修更感身体大不如前。

至和元年（1054）五月，欧阳修服丧期刚满，就收到了朝廷官复旧职的诏令，返回汴京。君臣阔别十年，宋仁宗见到满头白发、眼目昏暗的欧阳修，不觉恻然，便任其权判吏部流内铨，主要负责幕职、州县官员的任免、考核。

欧阳修在这个新岗位上干了不到半月，就被罢免，改知同州（今陕西大荔）。被罢免的主要原因是欧阳修的一份奏章，他上疏要求限制权贵子弟做官的特权，触动了一部分权贵的利益。他们还是使用伪造奏章、诬陷迫害的一贯伎俩，使欧阳修再一次成为流言与阴谋的受害者。

欧阳修尚未动身赴任，吏部南曹吴宠、知谏院范镇、宰相刘沆等人挺身而出，纷纷为其鸣不平，宋仁宗回心转意，改令其留在京城，参与《唐书》的编纂工作，不久又升其为翰林学士，兼史馆修撰、勾当三班院。

这年九月，欧阳修与王安石首次相见。此前，王安石已经在地方任职多年，一直不愿意在京城做官，这次朝廷授予他群牧判官，负责管理中央及地方的养马工作，他本是力辞，后来得知是欧阳修推荐的，便勉强接受了这个职务。二人彼此倾慕已久，此番相见后互有赠诗。欧阳修的《赠王介甫》将王安石与李白、韩愈并称，高度称颂王安石。

赠王介甫

翰林风月三千首，吏部文章二百年。

老去自怜心尚在，后来谁与子争先！

朱门歌舞争新态，绿绮尘埃试拂弦。

常恨闻名不相识，相逢樽酒盍留连？

至和二年（1055）六月，欧阳修上书朝廷，请求罢免宰相陈执中。事情源于去年年底，陈执中家一个女奴暴死，交开封府检视，尸体伤痕累累，显然是被打致死，陈执中自然脱不了干系。但陈执中拒不合作，把审理人员一一罢免，后来干脆将此案撤销，一时满城风雨。这种草菅人命、无视国法的做法，遭到了台谏官员的一致反对，他们要求罢免陈执中，但宋仁宗不为所动。欧阳修因此上书。

上书之后，宋仁宗还是没有任何反应，欧阳修因此自请出知蔡州（今河南汝南）。这次宋仁宗倒是很快做出反应，改其为翰林侍读学士、集贤殿修撰，出知蔡州。侍御史赵抃、知制诰刘敞上书奏请留下欧阳修，宋仁宗权衡一番，最终罢黜了陈执中的相位，出判亳州，令欧阳修依旧在京城任职，官复原职。

八月，欧阳修奉命出使辽国，一路上写了不少诗文，记录了沿途风光人情，抒发了种种感慨。《奉使道中作三首》是其中之一。

奉使道中作三首

其三

客梦方在家，角声已催晓。

匆匆行人起，共怨角声早。

马蹄终日践冰霜，未到思回空断肠。

少贪梦里还家乐，早起前山路正长。

　　嘉祐二年（1057）正月，欧阳修权知礼部贡举。当时科举盛行"太学体"文章，险怪奇崛，有位名叫刘几的太学生，最擅长写作这种文章，当时被大家一致认定能一举夺魁。阅卷时，欧阳修看到一篇怪涩无比的文章，最后几句为"天地轧，万物茁，圣人发"，明白是刘几所作，厌恶至极，在后面续上"秀才刺，试官刷"两句，予以黜落。

　　当然，此次贡举也有好文章。其中一篇平易流畅，说理透彻，欧阳修非常满意，本想列为第一，但他推测此文极有可能是自己的学生曾巩所作，为避嫌列为第二。放榜之日，他知此文出自苏轼之手，再读苏轼其他文章，非常喜爱，直言自己应当避路，放苏轼出人头地。

　　此次科举所取，精英荟萃，会聚了北宋后期著名的思想家程颢、张载、朱光庭，政治家吕惠卿、曾布，文学家苏轼、苏辙、曾巩，并将古文写作引入良性发展的轨道。

　　嘉祐三年（1058）六月，欧阳修以翰林学士兼龙图阁学士权知开封府。当时富弼为相，欧阳修任翰林学士，包拯任御史中丞，胡瑗在太学为侍讲，集天下之望。士大夫相传道："富公真宰相，欧阳永叔真翰林学士，包老真中丞，胡公真先生。"因此有了"嘉祐四真"的名号。恪守职责，兢兢业业，这就是"真"。一个"真"字，是民间对他们最高的称誉。

　　此时欧阳修官位渐高，仕途得意，但是经过了一系列纷争及政敌的诬蔑打击，加之眼疾日益严重，身体每况愈下，他渐渐心灰意冷，萌发了辞官归隐的念头。《忆滁州幽谷》大约就是在这样的背景下写的。

忆滁州幽谷

滁南幽谷抱千峰，高下山花远近红。

当日辛勤皆手植，而今开落任春风。

主人不觉悲华发，野老犹能说醉翁。

谁与援琴亲写取，夜泉声在翠微中。

嘉祐四年（1059），欧阳修因病免知开封府，转给事中，同提举在京诸司库务。病假之中，他怀念朋友韩绛、刘敞，也感叹自己年老多病，从前的锋芒毕露已不再，诗风走向淡泊。

病告中怀子华原父

狂来有意与春争，老去心情渐不能。

世味惟存诗淡泊，生涯半为病侵陵。

花明晓日繁如锦，酒拨浮醅绿似渑。

自是少年豪横过，而今痴钝若寒蝇。

年龄大了，对季节的变换就特别敏感。这年秋天，夜间凝神读书的欧阳修，听到一阵阵秋风，内心悚然。秋声肃杀，是杀戮之音，对应到人身上就是衰亡之态。欧阳修这几年一直为疾病所扰，如今虽居高位，但宦海沉浮，心中不免悲凉。于是，他有感而成一篇《秋声赋》，从有声之秋写到无声之秋，从自然之秋写到人生之秋，骈散结合，多年人生感悟化为神品名作，此文堪为宋代文赋的典范。

这一年，王安石创作了著名的《明妃曲二首》，梅尧臣、司马光、刘敞、欧阳修等人都有和诗。欧阳修的和诗《明妃曲和王介甫作》《再和明妃曲》立意新巧，将王昭君还原成一个无法主宰自身命运的柔弱女子。欧阳修对这两首诗颇为自得，直言《明妃曲》后篇，李白写不出，只有杜甫能写，至于前篇，连杜甫都写不出来，也只有他能写得出。

第一首由胡地习俗与中原地区不同写起，写昭君流落之苦，写明妃思归作曲。与王安石原作相比，虽同样表达怀才不遇的主题，但这首诗主要围绕王昭君的《思归曲》做文章，风貌迥异。

明妃曲和王介甫作

胡人以鞍马为家，射猎为俗。

泉甘草美无常处，鸟惊兽骇争驰逐。

谁将汉女嫁胡儿，风沙无情貌如玉。

身行不遇中国人，马上自作思归曲。

推手为琵却手琶，胡人共听亦咨嗟。

玉颜流落死天涯，琵琶却传来汉家。

汉宫争按新声谱，遗恨已深声更苦。

纤纤女手生洞房，学得琵琶不下堂。

不识黄云出塞路，岂知此声能断肠！

第二首写王昭君从被选入宫到远嫁胡人的过程，借汉言宋，有强烈的现实意义。叙事、抒情、议论融合，自然流畅，以文为诗却不失诗味。

再和明妃曲

汉宫有佳人，天子初未识，

一朝随汉使，远嫁单于国。

绝色天下无，一失难再得。

虽能杀画工，于事竟何益？

耳目所及尚如此，万里安能制夷狄！

汉计诚已拙，女色难自夸。

明妃去时泪，洒向枝上花。

狂风日暮起，飘泊落谁家？

红颜胜人多薄命，莫怨东风当自嗟。

嘉祐五年（1060）四月，一场疫病夺走了欧阳修挚友梅尧臣的生命。欧阳修的悲痛无以言说，一生中最好的朋友就这样溘然长逝。拖着病躯，欧阳修相继写出了《哭圣俞》《祭梅圣俞文》《梅圣俞墓志铭》几篇文章，纪念才情卓绝的梅尧臣，祭奠一生落拓坎坷的梅尧臣，追忆志同道合的美好时光。次年，欧阳修又将梅尧臣的诗编撰成《梅圣俞诗集》，并撰写序文，这就是著名的《梅圣俞诗集序》。通过追忆梅尧臣的坎坷仕途，他提出了诗歌"殆穷者而后工"的著名文章观，即一个人越是困穷不得志，文章就写得越好。

治平元年（1064），欧阳修衰病交攻，心力疲耗，牙齿掉落，饮食艰难。春季的又一场瘟疫，儿女们全都病了，唯一的女儿夭折。老年丧女，加上之前夭折的三个孩子，欧阳修怎么也无法宽慰自己，他彻底病倒了。第二年春天，他接连三次上表，请求外任，但都没有得到朝廷的许可。

宋英宗为宋仁宗养子，生父为宋仁宗堂兄濮安懿王。围绕如何称呼濮安懿王一事，在宋英宗的提议下，朝廷官员展开了一场旷日持久的争论，史称"濮议"。争论分为两派，一派以司马光、王珪为代表，主张以"皇伯"称之；一派以韩琦、欧阳修为代表，力争当以"皇考"称之。

这本是一场正常的议政，有不同意见本属正常，但持久论争失去了理性，欧阳修成了另外一派攻讦的首要对象。多次弹劾欧阳修不果之后，精心炮制的一则欧阳修与长媳吴氏通奸的丑闻横空出世。欧阳修不堪其辱，心志俱灰，接连上表，乞请外任，但仍然未得到朝廷允准。

诬枉辨明之后，欧阳修又多次上书，乞差知外郡。治平四年（1067）三月，宋神宗恩准，除其观文殿学士，转刑部尚书，知亳州。离京之日，欧阳修写了抒怀诗《明妃小引》。

明妃小引

汉宫诸女严妆罢，共送明妃沟水头。

沟上水声来不断，花随水去不回流。

上马即知无返日，不须出塞始堪愁。

京城伤心地，欧阳修此番外任，以明妃出塞自喻，自志不归。这一次，他真切地体会到了王昭君的内心。

七月，欧阳修派人到石延年墓祭奠，写下了著名的《祭石曼卿文》。石曼卿生时有"天下奇才"之誉，但一生穷困潦倒，愤世嫉俗，寄情诗酒。在他去世二十六年之后，欧阳修写下这篇祭文，这是祭石曼卿，更是自祭，自述感伤，凄凉满怀。

熙宁元年（1068）八月，欧阳修转兵部尚书，改知青州，充京东东路安抚使。宽简为政的欧阳修在公务之余，开始整理自己的诗文，字斟句酌，反复修改。夫人担心他的身体，劝道："何必如此？难道还怕先生骂吗？"欧阳修浅浅一笑："不怕先生骂，却怕后生笑。"

皇祐年间，欧阳修曾撰《先君墓表》，祭悼亡父。熙宁三年（1070），欧阳修又将此表精心修订，饱含深情地定名为《泷冈阡表》。人子之情哀婉深致，此文与韩愈的《祭十二郎文》、袁枚的《祭妹文》共称为"中国古代三大祭文"。

这年四月，欧阳修除检校太保、宣徽南院使、判太原府、河东路经略安抚使，他连续上疏，坚辞不受，七月，改知蔡州。

赴任途中，欧阳修先回颍州小住，滞留一月有余，心情轻松愉快。因家有藏书一万卷，集录三代以来金石遗文一千卷，有琴一张，有棋一局，常置酒一壶，再加上欧阳修本人老翁一个，故改号"六一居士"。

熙宁四年（1071），欧阳修决意告老致仕，宋神宗同意其以太子少师、观文殿学士身份退休，急流勇退，天下士大夫仰望惊叹。从政治旋涡中抽身而出，欧阳修回到颍州，过起了悠闲的生活。他汇编《诗话》一卷，开创了诗歌理论著述的新体例，后来诗话类笔记渐多，为了区别，后人称之为《六一诗话》。

翻旧阕，写新声。一首首诗、一阕阕词，记录着他的心境。《采桑子》十首，是他二十年来写西湖的词作汇录，每首都有"西湖好"三字，足见其爱之深！

《采桑子》（轻舟短棹西湖好）是一幅风景画。绵延不断的湖水，芳草萋萋的长堤，隐隐传来的音乐，掠过湖岸的飞鸟，一叶轻舟微荡，逍遥闲适。

采桑子

轻舟短棹西湖好，绿水逶迤。芳草长堤。隐隐笙歌处处随。

无风水面琉璃滑，不觉船移。微动涟漪。惊起沙禽掠岸飞。

《采桑子》（群芳过后西湖好）是一幅心境图。暮春时节，落红满地，飞絮蒙蒙，杨柳斜拂，游人意兴阑珊，静谧中流露出一种别样的美。

采桑子

群芳过后西湖好，狼藉残红。飞絮蒙蒙。垂柳阑干尽日风。

笙歌散尽游人去，始觉春空。垂下帘栊。双燕归来细雨中。

欧阳修还有一首名词《蝶恋花》（庭院深深深几许），写闺怨，不知作于何时，但流传甚广。

蝶恋花

庭院深深深几许。杨柳堆烟，帘幕无重数。玉勒雕鞍游冶处。楼高不见章台路。

雨横风狂三月暮。门掩黄昏，无计留春住。泪眼问花花不语。乱红飞过秋千去。

有人说这首词是南唐冯延巳的作品，但宋人编纂的词集中大多署欧阳修之名，比较可信。这首词上片写少妇深闺寂寞哀怨，下片写伤春怀人。最后两句情景交融，浑然天成，历来为人所激赏，王国维《人间词话》曾引此句解读"有我之境"。

欧阳修很重视自己的文章，也很重视文统的传承。他自感来日无多，在儿子的帮助下，拖着病躯，夜以继日地整理文集，编订《居士集》五十卷；还将引领文坛发展的重任托付给了苏轼："我所谓文，必与道俱。见利而迁，则非我徒。"（《祭欧阳文忠公及夫人文》）欧阳修是这样嘱咐苏轼的，苏轼也是这样做的。

做好这些后，欧阳修似乎没有什么遗憾了，他坦然地面对着疾病的侵扰。《退居述怀寄北京韩侍中二首》写其退休生活，也可以看作他对自己人生的总结。走过一世坎坷，功名繁华皆成过眼云烟。

退居述怀寄北京韩侍中二首

其一

悠悠身世比浮云，白首归来颍水濆。

曾看元臣调鼎鼐，却寻田叟问耕耘。

一生勤苦书千卷，万事销磨酒百分。

放浪岂无方外士，尚思亲友念离群。

熙宁五年（1072）闰七月二十三日，欧阳修走完了他一生的旅程，享年六十六岁。宋神宗闻讯，为之辍朝一日，赠予他太子太师之职，赐谥号"文忠"。熙宁八年（1075）九月，欧阳修葬于开封府新郑县旌贤乡刘村（今河南新郑辛店镇欧阳寺村），韩琦为其作墓志铭，苏辙撰神道碑。

然而，这些对于欧阳修都已经不重要了。后人记住他的，是他的诗文——《朋党论》《伶官传序》《醉翁亭记》《丰乐亭记》《秋声赋》《卖油翁》……篇篇脍炙人口，广为传诵。苏轼评价他说"论大道似韩愈，论事似陆贽，记事似司马迁，诗赋似李白"，集众人之长，成就了独一无二的欧阳修。他开创了一个文章的新时代，不愧为"千古文章四大家"之一、"唐宋八大家"之一。

行藏终欲付何人

——王安石诗传

在中国的历史上，他是一个毁誉交加、颇富争议的人物。

称誉者把他视为一代贤相、圣人，说他以天下为己任，以强烈的主人翁意识、果敢无畏的变法，改变了北宋建国百年以来逐渐形成的贫弱局面，说他是中国十一世纪伟大的改革家，是三代以下中国唯一的完人。

诋毁者则把他视为奸邪小人，说他的变法直接导致了靖康之难，正是他将北宋王朝引向覆亡，他是亡国祸首，是千古罪人；说他学术不正，是异端，是疯子；在后世话本中他更是沦落为猪狗的形象。

异端、天才，罪魁祸首、伟大的改革家，对于同一个人，评价为什么会如此不同呢？他究竟是谁呢？

他就是北宋时期的改革者、政治家、"唐宋八大家"之一的王安石。

王安石，字介甫，号半山，抚州临川（今江西抚州市临川区）人，天禧五年（1021）十一月十三日出生在临江军清江县（今江西樟树市清江镇）。宋代的好几种文献都记载说，王安石出生的时候，家人看见有一只獾进入房间，接着消失了踪影，因此为其取小名"獾郎"。

王安石父亲王益是大中祥符八年（1015）的进士。王安石出生之前，王益已经有两个儿子：王安仁、王安道。一个取名"安仁"，一个取名"安道"，显然是深受儒家思想的影响。到王安石的时候，他没有沿袭这个路数，极有可能是受了东晋时期著名政治家谢安的影响。

谢安，字安石，做过东晋的宰相。他出仕之前已经名声遐迩，但他喜欢游山玩水，经常隐居在会稽东山，不愿出来做官。当东晋王室到了岌岌可危的时候，民间流传着这样一句话："安石不肯出，将如苍生何？"他因此东山再起，指挥东晋军队打败了号称百万的前秦军队，赢得了淝水之战的胜利，挽救了东晋王室的危机。王益给儿子取名"安石"，就是希望儿子能够像谢安那样，将来成就一番大事业。

王安石从小喜欢读书，有过目不忘的本领。他跟着长期做地方官的父亲在江西、四川、广东、汴京（今河南开封）等地游宦，走了不少地方，开阔了眼界。祖父去世后，他随父亲回到临川，守制三年，这三年是王安石读书较为集中的三年。

王安石现存最早的诗歌《闲居遣兴》，大概作于这一时期，诗中流露出少年王安石雄阔的胸襟和盖世的豪气。

闲居遣兴

惨惨秋阴绿树昏，荒城高处闭柴门。

愁消日月忘身计，静对溪山忆酒樽。

南去干戈何日解，东来驲骑此时奔。

谁将天下安危事，一把诗书子细论？

宝元二年（1039），父亲王益去世。三年守丧期满后，王安石进京应礼部省试，一举得中，名列第四。宋代的笔记中说，王安石本来是考中头名状元的，当时的名次是：王安石第一，王珪第二，韩绛第三，杨寘第四。考卷进呈宋仁宗御览，宋仁宗见王安石的文章中有"孺子其朋"这样的句子。这句话出自《尚书》，是周公对成王说的话，是长者教训小孩子的。宋仁宗对这种教训的口吻很不满，大笔一挥，将王安石的头名状元给划掉了。按照惯例，已经有官职的人不能被钦点为状元，第二、第三名都有官职，就这样杨寘成了状元，王安石成了第四。

四月，王安石被授校书郎、签书淮南节度判官，开始了他的政治生涯。在淮南任职期间，王安石曾请假回乡省亲，并娶妻吴氏。在拜访金溪舅家时，他问及曾经的神童方仲永，得知已泯然众人，颇有感慨，写了《伤仲永》一文。方仲永本是神童，因父亲不让他学习，只把其当作赚钱的工具，最终成为一个普通人。方仲永的聪慧虽受之于天，但没有后天的努力，终不能成事。在天道与人事之间，人事当为重，这是王安石一生重要的哲学思想。

庆历五年（1045），韩琦知扬州。王安石喜爱彻夜读书，常常在天快亮的时候才打个盹儿，清早来不及洗漱，就匆匆赶往任所。韩琦看王安石年轻，怀疑他夜里外出风流去了，就抽了一个时机，不紧不慢地对王安石说："你还年轻，千万不可荒废学业，更不要自甘堕落啊！"对于韩琦的误解，王安石不争辩、不解释，退下去后感叹道："韩公还是不了解我啊！"

王安石在签书淮南节度判官任上任满回京。按照宋朝的惯例，进士考试时取得甲科高等的，外放一任后，通过献文考试，可以申请进入三馆（昭文馆、集贤院、史馆）工作，这是清要之职，不少人对此梦寐以求。王安石具备资格，可他不肯申请馆职，而是请求外任。这一次，他到鄞县（今浙江宁波鄞州区）做了知县。

庆历六年（1046）、七年（1047），灾害频仍。王安石赴任途中，目睹了下层百姓生活的惨状，写下《河北民》一诗，以灾害之后百姓的苦难生活与唐朝的贞观之治对比，表达了对下层百姓的深切同情。

河北民

河北民，生近二边长苦辛。

家家养子学耕织，输与官家事夷狄。

今年大旱千里赤，州县仍催给河役。

老小相携来就南，南人丰年自无食。

悲愁白日天地昏，路旁过者无颜色。

汝生不及贞观中，斗粟数钱无兵戎。

王安石到鄞县的当年遇上大旱，第二年又遭遇大涝。他先是救灾，接着又兴修水利。为保证经济条件不好的下层农户及时耕种，他把县衙粮仓中的存粮借贷给他们，约定秋收之后，增加少量利息偿还。这项措施，可视为后来王安石变法最初的成功试验。

皇祐二年（1050），王安石在鄞县任满归乡，途经越州（今浙江绍兴）时，登上飞来峰，创作了《登飞来峰》一诗。

登飞来峰

飞来山上千寻塔，闻说鸡鸣见日升。

不畏浮云遮望眼，自缘身在最高层。

这一年，王安石三十岁，正当而立之年。他借登飞来峰抒发胸臆，站得高才能看得远，要有大气象、大格局，这种宽阔的胸襟与情怀可看作实行新法的前奏。

至和元年（1054）七月，王安石与弟弟王安国、王安上等人同游褒禅山（今安徽含山境内），撰写了著名的游记散文《游褒禅山记》。这篇散文之所以知名，不全在"记"，而是在"理"，"尽吾志也而不能至者，可以无悔矣""世之奇伟、瑰怪、非常之观，常在于险远，而人之所罕至焉，故非有志者不能至也"成为世人常用的名言。

和县境内有乌江亭，楚汉之争时，项羽自刎于此。唐代杜牧有《题乌江亭》诗云："胜败兵家事不期，包羞忍耻是男儿。江东子弟多才俊，卷土重来未可知。"王安石针对杜牧的议论，写下《乌江亭》一诗，显示了其政治理性。

乌江亭

百战疲劳壮士哀，中原一败势难回。

江东子弟今虽在，肯与君王卷土来？

进京之后，王安石一再辞谢馆职，九月一日，朝廷授其群牧判官，职责是指导、检查京师及各地的养马场和养马监。王安石本来还是力辞，后来得知是欧阳修推荐的，便接受下来。

王安石对欧阳修倾慕已久，但一直没有机会见面，这次进京如愿以偿。欧阳修爱惜人才，积极奖掖后进，对王安石的才华大加赞赏，视其为李白、韩愈那样的才俊，还骄傲地说，自己现在的雄心还能与王安石并驾，以后恐怕无人能及。这里有欧阳修的自许，更多的是对王安石的肯定。

王安石对欧阳修的鼓励表示感谢，写了《奉酬永叔见赠》一诗，于谦虚之中抒写理想抱负，并表达了对欧阳修的敬佩。

奉酬永叔见赠

欲传道义心虽壮，学作文章力已穷。

他日若能窥孟子，终身何敢望韩公。

抠衣最出诸生后，倒屣尝倾广座中。

只恐虚名因此得，嘉篇为赆岂宜蒙。

在京城这段时间，王安石还结识了梅尧臣、刘敞等文人，形成了他的朋友圈，但是，一种无所作为的痛苦时常萦绕心头，他以"家贫"为由，多次请求外任。嘉祐二年（1057）四月，王安石如愿以偿，调知常州。

到常州后，王安石曾上书朝廷表达在此长期任职的想法，但这个想法没有实现，不到一年时间，他便改任提点江南东路刑狱，主要掌管辖区内的司法、刑狱及举劾有关人员、监察地方官吏。又干了不到一年时间，朝廷下诏除其三司度支判官。三司是国家财政总理单位，度支判官负责国家每年的总体财赋，并进行宏观调控，可以直接了解国家的财政状况，探明国家的困境、弊端所在。王安石一如既往地上书请辞，仍无结果，只得返京就任。

回到京城后不久，王安石就上书宋仁宗，慨然有矫世变俗之志，这就是著名的《上仁宗皇帝言事书》，奏书洋洋万言，故又称《上仁宗皇帝万言书》。万言说来说去，其实只有一个根本主旨，就是告诉宋仁宗，宋代建国百年以来形成的积弊，现在必须进行全面改革了。但是，此书献上以后，如石沉大海，没有得到任何回应。

王安石咏王昭君的《明妃曲二首》，大概写于上书后不久。

明妃曲二首

其一

明妃初出汉宫时，泪湿春风鬓脚垂。

低回顾影无颜色，尚得君王不自持。

归来却怪丹青手，入眼平生未曾有。

意态由来画不成，当时枉杀毛延寿。

一去心知更不归，可怜着尽汉宫衣。

寄声欲问塞南事，只有年年鸿雁飞。

家人万里传消息，好在毡城莫相忆。

君不见咫尺长门闭阿娇，人生失意无南北。

其二

明妃初嫁与胡儿，毡车百两皆胡姬。

含情欲说独无处，传与琵琶心自知。

黄金捍拨春风手，弹看飞鸿劝胡酒。

汉宫侍女暗垂泪，沙上行人却回首。

汉恩自浅胡自深，人生乐在相知心。

可怜青冢已芜没，尚有哀弦留至今。

古代文人惯用女子得宠、失宠表达遇与不遇，王安石的这两首诗歌也是有所寄托的。第一首有自鸣不平的意味；第二首借汉言宋，以王昭君的寂寞孤独、无人知心来自况。这两首诗写成之后迅速传播，黄庭坚对其赞不绝口，梅尧臣、欧阳修、司马光、刘敞等人都有唱和诗问世，一时蔚为诗坛盛事。

嘉祐五年（1060）正月，朝廷敕令王安石为送伴使，送契丹使者回国。宋辽之间因各种事务派遣使臣往来，进入对方统治领域后，有人迎接，称接伴使；返回时，有人相送，称送伴使。因为语言不通，王安石与契丹使者一路上没法进行交流，唯有赋诗咏歌，记载行程，寄托情思。王安石大约写了四十首诗，生动形象地描绘了沿途的山川风光与风土人情，更有深沉愤慨的忧国情感隐含其中。例如进入契丹涿州境时，王安石写下《出塞》一诗；自涿州返回至白沟驿（今河北高碑店）时，又写下《入塞》一诗。

出 塞

涿州沙上饮盘桓，看舞春风小契丹。

塞雨巧催燕泪落，蒙蒙吹湿汉衣冠。

入 塞

荒云凉雨水悠悠，鞍马东西鼓吹休。

尚有燕人数行泪，回头却望塞南流。

这两首诗着意突显"出"与"入"、"契丹"与"汉"、"南"与"北"，对沦为契丹统治的人民充满了深切的同情，开启了南宋杨万里、范成大爱国诗歌的先河。

这次北行，王安石目睹了边地强敌压境下宋军苟且偷安的实情，更加坚定了他改革的决心。如果说王安石此前的地方任职经历促成了他"富国"的主张，此次北行的经历则促成了他"强兵"的思想，这两点是日后变法的根本内容。所以，回京以后，王安石接着上书，又一次提出改革的问题。宋仁宗依然没有回应。

没有皇帝支持，英雄无用武之地，这种无所事事、寂寞无为的心境，在他的《省中二首》诗中有所体现。

省中二首

其一

万事悠悠心自知，强颜于世转参差。

移床独卧秋风里，静看蜘蛛结网丝。

其二

大梁春雪满城泥，一马常瞻落日归。

身世自知还自笑，悠悠三十九年非。

嘉祐五年（1060），朝廷任命王安石同修起居注，次年由祠部员外郎转刑部员外郎，不久，加知制诰，起草诏令，出入禁中，纠察在京刑狱。此段时期，王安石与司马光、韩维、吕公著交往甚密，闲暇之时经常聚会，宴谈终日，时人称之"嘉祐四友"。

嘉祐八年（1063）三月，宋仁宗驾崩，宋英宗即位。八月，王安石的母亲吴氏在京城去世。王安石向朝廷告假，带领众兄弟举家奉母柩回江宁（今江苏南京）安葬。

治平二年（1065）十一月，王安石服丧期满，朝廷下诏令其回京，复为工部郎中、知制诰，结果三次下诏，王安石都以身体有疾辞却。一方面，他在江宁设帐，教授学生，士子远近奔赴；另一方面，他埋头读书，研究经学，《诗经新义》《尚书新义》《周礼新义》就是这个时期初步完成的。

江宁是南朝及五代十国时期南唐的都城，当时名为金陵，城中处处遗留着历史的烙印，时时触发王安石的历史兴亡之感。他围绕这座故都写了不少诗词。《金陵怀古四首》通过历史上在金陵建都的几个朝代的兴亡，总结忧劳兴国、逸豫亡身的教训，给宋代的当权者提出警告。

金陵怀古四首

其一

霸祖孤身取二江，子孙多以百城降。

豪华尽出成功后，逸乐安知与祸双。

东府旧基留佛刹，后庭余唱落船窗。

黍离麦秀从来事，且置兴亡近酒缸。

这种通过金陵故都怀古伤今的主题，在词作《桂枝香·金陵怀古》（登临送目）中也有直接的书写。

桂枝香·金陵怀古

登临送目，正故国晚秋，天气初肃。千里澄江似练，翠峰如簇。归帆去棹残阳里，背西风、酒旗斜矗。彩舟云淡，星河鹭起，画图难足。

念往昔、繁华竞逐，叹门外楼头，悲恨相续。千古凭高，对此谩嗟荣辱。六朝旧事随流水，但寒烟芳草凝绿。至今商女，时时犹歌，后庭遗曲。

这首词上片写登临所见，绘金陵晚秋之美景，壮美之中有苍凉；下片写所想，叹千古兴亡故事，喟叹之中有清醒。居安思危，高瞻远瞩，体现了王安石宽广的眼界与博大的胸襟，成为历代金陵怀古词中的巅峰之作。

治平四年（1067）正月，宋英宗病逝，宋神宗赵顼即位。赵顼年仅二十岁，正是意气风发、血气方刚之时，但他面对的却是一份千疮百孔的家业。他不想成为大宋王朝的末代皇帝，毅然决定将大宋王朝从悬崖的边上拉回来。在这样的时刻，有一个人注定要浮出水面，他就是在江宁"蜗居"的王安石。

闰三月，宋神宗下诏，起用王安石为江宁知府；九月，又任命其为翰林学士兼侍讲。这一次王安石没有推辞，欣然接受，好友王介写诗戏谑，其中有"草庐三顾动幽蛰，蕙帐一空生晓寒"之句，王安石读之大笑，作《松间》一诗以明己志。

松　间

偶向松间觅旧题，野人休诵北山移。

丈夫出处非无意，猿鹤从来不自知。

隐居也罢，出仕也罢，都不是目的，目的是有所作为。王安石感受到了新皇帝的诚意与抱负，所以他不顾世俗的讥笑，决定进京受命。

三月，王安石离开江宁北上，途经长江北岸的瓜洲镇时，写下了那首著名的《泊船瓜洲》。

泊船瓜洲

京口瓜洲一水间，钟山只隔数重山。

春风又绿江南岸，明月何时照我还？

这首诗虽有对故乡依依不舍的怀恋，但整体上流露着轻松愉悦的心情。"春风"语义双关，既指大自然暖煦的和风，又指来自汴京城里的皇恩浩荡之风。"绿"字是王安石讲究炼字的典范，让这首诗更加知名。

四月四日，王安石越次入对。宋神宗问王安石，当今国家治理，最迫切要做的是什么？王安石回答了两个字——择术，意思是要建立一套全新的国家管理制度。这个回答正中宋神宗下怀，但宋神宗还心存犹豫，主要原因是宋朝建国以来，都是沿袭太祖创下的制度，国家也没什么大事，还算太平，他担心对祖宗制度进行改革会遭遇反对。

王安石退下之后，很快就上了一道《本朝百年无事札子》。这道札子打消了宋神宗的担心。札子貌似探讨宋初百年的太平，实则详细说明宋初百年来形成的弊端。说是无事，实则有事，而且箭在弦上，一触即发。札子条条陈述，击中要害，也切中这位年轻皇帝的内心，宋神宗看了一遍又一遍，恨不得变法立即开始。

熙宁二年（1069）正月初一，王安石写下《元日》一诗，预示着一个新时代即将来临。

元　日

爆竹声中一岁除，春风送暖入屠苏。

千门万户曈曈日，总把新桃换旧符。

二月，宋神宗任命王安石为右谏议大夫、参知政事，一场影响历史大势、震撼中国的变革由幕后正式走向台前。二月二十七日，宋神宗批准正式设立一个前所未有的机构——制置三司条例司，制置的意思是皇帝命令设置的意思。制置三司条例司就是改革综合领导办公室，负责制定、实施新法，王安石与枢密院陈升之共同执掌，吕惠卿为检详文字，新法的条例基本出自他的手笔。

从熙宁二年至熙宁六年（1073），王安石变法领导小组先后颁布了一系列改革法令——均输法、青苗法、农田水利法、募役法、保甲法、方田均税法、市易法及改革科举考试的新举措。改革是为了富国强兵，但这些措施涉及当时社会的方方面面，牵一发而动全身。因此在变与不变、变什么、如何变等诸多问题上，甚至在新法未颁布之前，就已经形成了一个人数众多的反对阵营：司马光、韩琦、富弼、文彦博、欧阳修、吕诲、范镇、范纯仁、吕公著、赵忭、苏轼，等等。对于阻碍改革的拦路石，王安石直接搬走，或罢或贬，改革按部就班地进行着。

但是，对改革及具体法规的反对与质疑，一直没有间断。熙宁三年（1070），司马光连续给王安石写了三封信，批评变法的弊端，列举了五条罪状——侵官、生事、征利、拒谏、怨谤，要求废除新法，恢复旧制。对司马光的指责，王安石回信批驳，并对反对阶层的因循守旧激烈批判，针锋相对，言辞犀利，这就是著名的《答司马谏议书》。

改革牵涉了太多的人和事，变法在执行的过程中也出现不少偏差，因此，改革的步伐始终伴随着反对阵营的不断抨击甚至文人的意气之争。反对派总是不失时机地抓到或者故意制造一些把柄，不遗余力地攻击新法及变法派。好在有宋神宗的强大支撑，改革渐渐进入一种胶着状态。

对反对者的固陋及世俗的偏颇之见，王安石在一些咏史诗中有所反映。

韩　子

纷纷易尽百年身，举世何人识道真？

力去陈言夸末俗，可怜无补费精神。

这首诗借韩愈写世俗之人不知道什么是真正的道，抓住一点无关紧要的细枝末节，就自以为得到真谛，这注定是白费精神、徒劳无益的。

读　史

自古功名亦苦辛，行藏终欲付何人？

当时黮暗犹承误，末俗纷纭更乱真。

糟粕所传非粹美，丹青难写是精神。

区区岂尽高贤意，独守千秋纸上尘。

这首诗和《韩子》的主旨接近，都是抨击末俗之人，抱着历史的糟粕，以假乱真，以讹传讹，还自以为是。这两首诗表面上看都是写历史，其实都是写现实，改革的反对者总是拿历史来说事，王安石以历史回击，体现的是他坚定的改革决心。

这种胶着状态到熙宁七年（1074）的春天开始失去平衡。从上一年秋天开始，各地遭遇了多年不遇的旱灾。反对派趁机以天灾恐吓宋神宗，说这是新法引起的"天怒"，尽管王安石用"天变不足畏"一再安抚宋神宗，宋神宗心里还是犯疑忌。

久旱不雨引发了饥荒，而新法规定的各种征收刻不容缓，一些变卖田产的灾民开始向京城等大城市逃亡。当时，监管京城一个城门的官员郑侠，把流民凄惨的场景画成了《流民图》，假称密急公文，送到了宋神宗那里。在奏折中，郑侠历数王安石新法的种种弊端，并且咬牙切齿地说：如果陛下停止新法，十日之内，必然下雨。否则，请将微臣斩首，以惩戒欺君之罪。

反对派还通过太后、太皇太后向宋神宗施加压力。两位太后哭天抹泪，要求罢除青苗法、免役法，说王安石要变乱天下，弄得宋神宗心烦意乱。看到《流民图》的第二天，新法被废除。事有凑巧，三天之后，憋了十个月的老天，竟然大雨倾盆。

大雨来得正是时候，缓解了持久的干旱。大雨来得正不是时候，应了反对派所言，让宋神宗更加疑神疑鬼。虽然后来在吕惠卿的泣对下，大部分新法又恢复了，但在这样的处境中，王安石意识到他得离开了。他不忍自己辛辛苦苦的变法就这样被一场倾盆大雨冲刷得干干净净，便举荐韩绛与吕惠卿继续维护新法，巩固已有的成果。

四月中旬，王安石第一次罢相，以吏部尚书、观文殿大学士出知江宁府。这次罢相是多方合力的最终结果，宋神宗很是无奈，王安石内心也颇有不甘。《六年》这首诗中就体现了这种心境。

六　年

六年湖海老侵寻，千里归来一寸心。

西望国门搔短发，九天宫阙五云深。

从熙宁元年入朝到本年罢相，正好六年。这六年，是君臣相遇的六年，是变法关键阶段的六年。如今离开朝廷，一片丹心依然不改，王安石仍眷眷于宋神宗的厚遇。

到江宁后，王安石作了一首《人间》诗。

人　间

人间投老事纷纷，才薄何能强致君。

一马黄尘南陌路，眼中唯见北山云。

这首诗前两句写自己年老才疏，不能辅佐君王；后两句写从此隐居，不问世事。诗歌表面是写急流勇退、辞官归隐，但其中隐含着愤懑不平之气，预示着王安石还会二次出山。

熙宁八年（1075）二月，宋神宗再次任命王安石为相。这次复相，一个重要的因素是吕惠卿。王安石罢相之时举荐了吕惠卿与韩绛，但是他看错了人，吕惠卿这个人虽然有才，却心胸狭隘，还很有野心。他清楚王安石被罢，是宋神宗不得已所为，可能很快会复出。他为了坐稳副宰相的位子，便想方设法地构陷、迫害王安石，建立自己的小集团，既不与宰相韩绛好好配合，又每每与赞同变法的沈括等人对着干。韩绛不能制衡吕惠卿，就向宋神宗秘密建议王安石复相。

变法派内部出现分裂。王安石复相后与吕惠卿交恶，后者被贬陈州（治今河南淮阳）。韩绛与王安石在市易司用人问题上有重大分歧，关系也出现了裂痕，韩绛坚决辞去了相位。更为致命的是，新法最大的支持者宋神宗，与王安石的关系也出现了微妙的变化。吕惠卿到地方之后，将王安石此前写给他的私信断章取义，呈送宋神宗，其中有"无使上知"的话，意思是不要让皇帝知道，这让宋神宗很不满。此前，王安石的意见，宋神宗基本一概采纳，现在他对王安石的意见，要么否决，要么再派人实际调查。总之，熙宁八年大宋王朝的变法舞台上，仿佛只有王安石一个人在表演，所有的人都在盯着他——有人瞪着眼，有人眯着眼，有人在背后偷窥。王安石很无助，他在孤独地等待谢幕。

熙宁九年（1076）春，弟弟王安礼离京前往润州（今江苏镇江）赴任，王安石写诗送别。

别和甫赴南徐

都城落日马萧萧，雨压春风暗柳条。

天际归艎那可望，只将心寄海门潮。

这首诗不是一首纯粹的送别诗，是王安石在向弟弟倾诉心事，每一个意象都有所指。"雨压春风暗柳条"中的雨是不是就是熙宁七年的那场倾盆大雨？"春风"是不是指皇帝的信任与恩泽？那在风中飘荡、黯然失色的柳枝，不就是王安石自己？

这年六月，王安石的长子王雱病逝于京城，这对王安石打击极大。他第二次祈请罢相，十月，宋神宗罢其为镇南节度使、同平章事、判江宁府。

王安石第二次罢相意味着变法的彻底失败。他回江宁途中再过京口，夜宿龙华院，想到几年前进京时所作的《泊船瓜洲》，又写了三首绝句。

与宝觉宿龙华院三绝句

其一

老于陈迹倦追攀，但见幽人数往还。

忆我小诗成怅望，钟山只隔数重山。

其二

世间投老断攀缘，忽忆东游已十年。

但有当时京口月，与公随我故依然。

其三

与公京口水云闲，问月何时照我还。

邂逅我还还问月，何时照我宿金山。

从这三首绝句中，我们感觉到的是一种如释重负后的轻松、一种解脱之后的欣喜。从此，王安石在江宁闲居十年之久，直到离世，再也没有回归朝廷。

王安石回到江宁，是按照使相的级别领取薪俸的，因此他上表请求辞去使相（镇南节度使、同平章事），按照本官（判江宁府）乞宫观。宋神宗部分同意了王安石的请求，还是给予其使相级别的待遇；不久又封其为舒国公，次年改封荆国公。

元丰二年（1079）二月，王安石开始营建半山园。早在复相之后，他就托人在江宁城外的白塘购置田产，以作退休之用。白塘在江宁城东门外至蒋山的半道上，离城七里，离蒋山也是七里，故取名为半山园。

半山园比较粗陋，不设垣墙，仅蔽风雨，北面相传是东晋名臣谢安的故宅，南面是定林寺，王安石在寺里设一室，供读书之用。他平日骑驴出游，想走就走，想停就停，真率自如。他后来的不少诗词都是围绕半山园及周边环境写的。

菩萨蛮

数家茅屋闲临水，单衫短帽垂杨里。今日是何朝，看予度石桥。

梢梢新月偃，午醉醒来晚。何物最关情，黄鹂一两声。

这是一首集句词，就是集合前人诗句缀合成词。这首词集得浑然一体，不见拼接之痕，只写了一个字——闲。屋闲、水闲、垂杨闲，桥闲、月闲、黄鹂闲，一切都是那么漫不经心，当然其中还有一个穿着随意、生活随意的闲人。

渔家傲二首

灯火已收正月半，山南山北花撩乱。闻说涁亭新水漫。骑款段，穿云入岛寻游伴。

却拂僧床褰素幔，千岩万壑春风暖。一弄松声悲急筦。吹梦断，西看窗日犹嫌短。

又

平岸小桥千嶂抱，柔蓝一水萦花草。茅屋数间窗窈窕。尘不到，时时自有春风扫。

午枕觉来闻语鸟，欹眠似听朝鸡早。忽忆故人今总老。贪梦好，茫然忘了邯郸道。

这两首词大约写于同一时间，刻画了王安石在半山园及其周边活动的两个剪影。第一首上片写骑驴探春，下片写僧舍昼寝，展示了王安石在山林中的隐居生活，字里行间似可读出他的内心还不是那么平静。第二首勾勒了一幅柔美静谧的春日隐居图，词人已经彻底忘却了滚滚红尘中的功名富贵，心境恬淡。

浣溪沙

百亩中庭半是苔，门前白道水萦回。爱闲能有几人来？小院回廊春寂寂，山桃溪杏两三栽。为谁零落为谁开？

这也是一首集句词，描写的是半山园。上片从园内写到园外，中庭、小路、溪水，如此优美的地方，院中却大半长满青苔，人迹罕至。下片还是同样的顺序，从内而外，回廊、山桃、溪杏，花儿自开自落，异常幽静。词中极写半山园的静谧，似有一些言外之意，首句用的是刘禹锡的《再游玄都观》，加之末句"为谁零落为谁开"，颇有"人走茶凉"的落寞之感。

王安石离开了朝廷，但朝廷依旧不安宁。就在王安石营建半山园的这一年，远离朝廷、身在湖州担任知州的苏轼因谢表中有"愚不适时，难以追陪新进""老不生事，或能牧养小民"的话，被反对者认为其斥责皇帝，包藏祸心，遂被押解回京，交付御史台审理，这就是"乌台诗案"。朝廷一时群议汹汹，恨之者捕风捉影、断章取义，欲置之死地而后快。王安石难以置身事外，他上书皇帝，其中有一句话："安有圣世而杀才士乎？"一句顶一万句，"乌台诗案"最终因王安石一言而决，苏轼得以不死，被贬黄州（今湖北黄冈）。

元丰七年（1084），苏轼从黄州团练副使调任汝州团练副使。途经江宁时，王安石骑驴谒于舟次。苏轼在此逗留了一个多月的时间，二人多次会晤，饮酒赏花，议论政事，赋诗唱和，前嫌冰释，相约来日结邻而居。

王安石那首著名的七绝《北山》，就是当时二人同游时赠送给苏轼的诗。

北　山

北山输绿涨横陂，直堑回塘滟滟时。

细数落花因坐久，缓寻芳草得归迟。

在江宁期间，王安石与同样在此隐居的杨德逢交往甚密。杨德逢别号"湖阴先生"，王安石有多首诗歌赠之，其中《书湖阴先生壁二首》中第一首广为传诵。

书湖阴先生壁二首

其一

茅檐长扫静无苔，花木成畦手自栽。

一水护田将绿绕，两山排闼送青来。

其二

桑条索漠楝花繁，风敛余香暗度垣。

黄鸟数声残午梦，尚疑身在半山园。

这组诗是题壁诗，是写在湖阴先生隐居之处的墙壁上的。两首诗都写了湖阴先生隐居之处的清幽与美好，其中"黄鸟数声"以动写静，与王维"人闲桂花落，夜静春山空。月出惊山鸟，时鸣春涧中"的意境异曲同工。诗人称颂湖阴先生志趣高洁的同时，也反映了自己的高雅志趣。

《钟山即事》大约也是作于这一年的春天。

钟山即事

涧水无声绕竹流，竹西花草弄春柔。

茅檐相对坐终日，一鸟不鸣山更幽。

这首诗写了一个字——幽。远离尘世喧嚣的幽静，反映的是心无挂碍的超脱，其中也有孤独与落寞的情绪。"一鸟不鸣山更幽"貌似废话，其实是反用前人"鸟鸣山更幽"之句，后人多有评议。

王安石退居江宁之后所写的诗歌，大多精深华妙，时人称之"荆公体"，尤其是绝句超迈绝伦，天下称之，后来的杨万里甚至说"半山绝句当朝餐"。

北陂杏花

一陂春水绕花身，花影妖娆各占春。

纵被春风吹作雪，绝胜南陌碾成尘。

这首七绝写杏花，前两句写杏花娇媚，后两句写杏花高洁，体现出王安石刚强耿介的个性和孤芳自赏的人生追求。

再如《梅花》一诗，语言浅显朴素，却耐人寻味。梅花不惧严寒，傲然独开，暗香沁人，正是诗人高洁品格与正义操守的寄托。

梅　花

墙角数枝梅，凌寒独自开。

遥知不是雪，为有暗香来。

江　上

江北秋阴一半开，晚云含雨却低回。

青山缭绕疑无路，忽见千帆隐映来。

这首诗是王安石游览长江、泛舟江上所见。诗歌借景抒情，蕴含了深刻的哲理：阳光总在风雨后，黑暗之后是光明，困境之中有希望。后来陆游的"山重水复疑无路，柳暗花明又一村"或许受此影响。

"荆公体"的形成，是王安石苦心孤诣经营的结果。诗歌的创作，虽然有妙手偶得之句，但更多的是需要反复锤炼斟酌的。看似平淡无奇的语句，其中往往饱含着诗人的良苦用心。在《题张司业诗》中，王安石就表达了这种观点。

题张司业诗

苏州司业诗名老，乐府皆言妙入神。

看似寻常最奇崛，成如容易却艰辛。

元丰八年（1085）三月，宋神宗驾崩，宋哲宗即位。宋哲宗年幼，由太皇太后高氏垂帘听政。宋神宗在世时，高太后就强烈反对变法，现在更是立即起用司马光为相。司马光打着"以母改子"的旗号，开始全面废除新法，史称"元祐更化"。王安石闻之，为之愕然、怅然。

元祐元年（1086）四月，王安石病卒，享年六十六岁，葬于蒋山，朝廷追赠太傅。王安石离世，正当旧党得势之时，故有人称贺，有人上书请赐恶谥，"今日江湖从学者，人人讳道是门生"，人情冷暖，世态炎凉，令人唏嘘。

王安石生命中的最后十年，虽然远离了政治中心，但他无法忘却现实，更无法漠视时局的变化。他那种锐意进取的勇气虽然消磨了，但他内心的寂寞、彷徨与忧愤始终难以彻底消泯。"解玩山川消积愤，静忘岁月赖群书"（《宝应二三进士见送乞诗》），他登临山水、醉心佛道、读书吟诗，寻觅安放心灵的场所。《重将》一诗，正是他晚年生活的写照，闲适、恬淡的背后，始终有一颗不屈、不平、不改的心。

重　将

重将白发旁墙阴，陈迹茫然不可寻。
花鸟总知春烂熳，人间独自有伤心。

北宋以降，王安石经常被别有用心的人丑化，无所不用其极。千帆过尽，我们很难了解真实的王安石，他被那些别有用心的文字掩埋得太深了。对于这些，王安石生前早就看得清清楚楚："自古功名亦苦辛，行藏终欲付何人。"身后之事，随他去吧，我所能做的，是想尽办法先把眼前的事情做好。

这就是王安石，北宋著名的思想家、政治家、改革家、文学家。一个人，能够拥有这些成就，也就足够了。

一蓑烟雨任平生

——苏轼诗传

中国古代的文人大都是全才，既能高居庙堂，安邦定国，也喜荡舟江湖，吟啸风雨。不过，像苏轼这样多才多艺的文人还真不多见。他的文学成就无须详说，诗、词、文堪称宋代文学的巅峰；他善书，书法自成一家，苏、黄、米、蔡并称，名居"宋四家"之首；他善画，喜欢画墨竹、画怪石、画古木，他的情、他的神、他的骨，尽数泼写在一幅幅画中。此外，在音乐、美食、医药、水利、酿酒、军事等方面，苏轼都颇有成就。

　　这样一个全才，应该拥有怎样精彩的人生？谁承想，他一生历尽坎坷：不是被贬，就是在被贬的路上，一贬再贬三贬，四处飘零。新党执政，他不受待见；旧党登台，他依旧被排挤。就这样，他从黄州走到惠州，越走越远，一直走到了天尽头的儋州。

　　他一生风雨，却泰然处之。阴也罢，晴也罢，风也罢，雨也罢，庙堂也罢，江湖也罢，"一蓑烟雨任平生"。他把生活的艰难困苦，活出了快乐的滋味；他把世人眼中的痛苦苟且，活成了逍遥超脱。往事不惆怅，余生不哀伤，"是处青山可埋骨",“此心安处是吾乡"。他懂得"放手",更知道"放心",所以他不惧"放身"。"九死南荒吾不恨,兹游奇绝冠平生",他在流浪的身体中安顿了一颗永不流浪的心,胸中拥有浩然气,哪里没有快哉风!

"人似秋鸿来有信,事如春梦了无痕";"人生如逆旅,我亦是行人"。其实,哪有如意的人生,只有看开的生活。世间本就不平坦,一切看开了,也就放下了;一切放下了,自然快乐了。他逍遥红尘,最终名传千古。

世间缘何少快乐,只因未读苏东坡!

景祐三年十二月十九日（1037年1月8日），眉州眉山县（今四川眉山）境内的秀丽山川，一夜之间草木尽枯，眉山县民惊讶不已。多年以后，他们才恍然大悟，原来是这一天诞生了一位天才，山川的灵秀集于他一身，所以大自然才出现了如此怪异的景象。这位天纵奇才，名叫苏轼。显然，这是一个民间传说。不过，这个传说背后，正是眉山人民对苏轼的敬仰及对其崇高成就的朴素表达。

苏轼，字子瞻，又字和仲，号铁冠道人、东坡居士等，世称苏东坡、坡仙。在"唐宋八大家"中，眉山苏氏一门独占三家，即苏洵、苏轼、苏辙，世称"三苏"。苏洵是苏轼、苏辙的父亲，字明允，号老泉。古代启蒙读物《三字经》中有"苏老泉，二十七，始发愤，读书籍"四句，说的就是苏洵。苏辙，字子由，是苏轼的弟弟，比苏轼小两岁。

苏轼七八岁的时候，开始读书识字。他的启蒙老师是一个道士，叫张易简。张易简在眉山境内的天庆观北极院设帐教书，跟随他学习的孩童有一百多人，弟弟苏辙也是其中之一。苏轼聪颖好学，深得张易简青睐。苏轼一生无论如何坎坷，如何顺利，都能自然出入儒道之间，或与他小时候接受的启蒙教育相关。

苏轼的母亲程氏出自眉山大姓，喜爱读书，古今历史上的成败之事，她都能娓娓道来。有一次，她讲到《后汉书·范滂传》的时候，对范滂一生清正廉洁、不畏权贵慨然叹之，苏轼忍不住问母亲："如果有一天，我也像范滂那样为道义而死，娘亲会赞赏吗？"母亲说："你能做范滂那样的人，我就不能做他母亲那样的人吗？"母亲的教育，对苏轼的一生影响巨大。

至和元年（1054），苏轼娶妻成家，妻子叫王弗，是眉州青神县进士王方的女儿。第二年，苏轼兄弟跟随父亲拜谒益州（今四川成都）知州张方平。此时苏轼已学通经史，二人谈论古今成败及一时人物皆不谋而合，张方平以国士待之。

嘉祐元年（1056），苏轼兄弟随从父亲苏洵前往汴京（今河南开封）参加科举考试，二人都中选，苏轼名列第二。第二年，他们应礼部省试，主考官是翰林学士欧阳修。当时京师文坛盛行"太学体"，文人争相玩弄古书中的生僻词汇、典故，文风诡异险怪，欧阳修对此很是不满，正想借此次考试加以纠正。苏轼应试文为《刑赏忠厚之至论》，语言朴素，无所藻饰。欧阳修读到此文，又惊又喜，准备列为第一。宋朝科举实行糊名制度，欧阳修不知此文出自谁手，感觉很像自己的门生曾巩所作，为避免嫌疑，最终将苏轼列为第二。苏辙也一举考中。兄弟二人同科进士及第，一时名动京师，宋朝的文风也由此开始发生改变。

这年四月，母亲程氏病逝于家乡，苏轼兄弟与父亲苏洵来不及向欧阳修等人当面告别，便匆匆返回眉山奔丧。服丧期满后，苏轼兄弟跟随父亲苏洵再赴京城，一路游览名胜古迹，拜谒官员名流，作文赋诗，三人行途诗文合为《南行集》。

嘉祐五年（1060），苏轼被授河南福昌县（今河南宜阳）主簿，苏辙被授河南渑池县主簿，二人都没有到任。欧阳修等人举荐他们参加制科考试。制科考试是一种不定期、非常规的考试，比普通的科举考试更难。参加制科考试的人员须先由朝中大臣进行推荐，朝廷许可以后可参加一次预试。最后，再由皇帝亲自出考题考核，确定等级。

苏轼兄弟参加的这次制科预试是由知制诰王安石等人主持的，考试内容为论六首，结果为合格。接着，宋仁宗在崇政殿主持策试，考官有司马光等人。考试结果为苏轼入三等，苏辙四等。宋代的制科考试分五等，按照惯例，前二等空缺，中选者大部分为四等，所以苏轼能够入三等，是相当优秀的。苏轼被任命为大理评事、签书凤翔府（今陕西宝鸡）判官，苏辙被任命为商州（今陕西商洛市商州区）军事推官。苏辙未赴任，请求在京城侍养父亲，获朝廷恩准。

嘉祐六年（1061）十一月，苏轼辞别父亲，离开汴京，前往凤翔赴任。弟弟苏辙一直送到郑州西门之外，才依依不舍地分手。苏轼、苏辙二人从小一直形影不离，这次是真正意义上的第一次分别。当年他们进京参加科举考试时曾途经渑池，这次苏轼赴任又经渑池，于是回到汴京的苏辙写下《怀渑池寄子瞻兄》一诗寄给兄长。

苏轼收到弟弟寄来的诗作时，早已过了渑池。他途经渑池时，曾旧地重游，但几年之间已物是人非，颇多感慨，现在恰好收到弟弟的诗作，因此写下《和子由渑池怀旧》这首诗，寄寓了深刻的人生感悟。

和子由渑池怀旧

人生到处知何似，应似飞鸿踏雪泥。
泥上偶然留指爪，鸿飞那复计东西。
老僧已死成新塔，坏壁无由见旧题。
往日崎岖还记否，路长人困蹇驴嘶。

苏轼在凤翔三年，与苏辙书信往来频繁，多有赋诗。他还结识了凤翔知府陈希亮之子陈慥及画家文同等人。陈慥，字季常，号方山子，嗜酒好剑，颇有侠义之风。苏轼后来在惠州创作的散文《方山子传》，写的就是陈慥。文同，字与可，梓州梓潼（今四川梓潼）人，善画，尤其擅长画竹，人称"石室先生"。苏轼后来也善画竹，与文同的影响不无关系。

当时有一个穷困潦倒的士子经常来拜访苏轼，他叫董传。董传饱读诗书，正准备参加科举考试。苏轼后来写有一送别诗，对董传的学识、人品给予了极高的期许。

和董传留别

粗缯大布裹生涯，腹有诗书气自华。

厌伴老儒烹瓠叶，强随举子踏槐花。

囊空不办寻春马，眼乱行看择婿车。

得意犹堪夸世俗，诏黄新湿字如鸦。

宋英宗未即位时，早已听闻苏轼大名，即位后便想召其入翰林，但宰相以宋无此例不允许。苏轼只得入学士院接受考察，试策，入三等。五月，宋英宗下诏，任苏轼为直史馆。直史馆为馆职之一，任职一两年后委以重任，可以越阶提拔。当月，苏轼的妻子王弗去世，年二十七。

治平三年（1066）四月，父亲苏洵病逝于京师，苏轼兄弟扶柩还蜀，安葬守丧。治平四年（1067），宋英宗去世，宋神宗即位。熙宁元年（1068）七月，苏轼娶王弗的堂妹王闰之为妻。

熙宁二年（1069）二月，王安石被任命为参知政事，开始实施新法。苏轼还朝，被授判官告院，兼判尚书祠部。对王安石变法的一些内容，苏轼持有不同意见，如变法更改学校贡举法，苏轼上书说贡举的办法实施百年，不可轻易改动。苏轼担任国子监举人考试官时，出的策论题目用了关于"独断""专任"的材料，王安石见之大怒，认为苏轼借此影射自己。因此，宋神宗让苏轼修中书条例、修起居注，张方平举荐苏轼为谏官，司马光举荐苏轼为谏官等诸如此类的任命的提议，都因为王安石的阻止而没有落实。

十一月，苏轼以殿中丞、直史馆、判官告院改权开封府推官。"权"是临时代理的意思，开封府推官负责开封府每天的案件审理。变法派认为苏轼不过是一介文人，不晓吏事，案件审理工作事务繁多，苏轼就没有闲心反对变法的一些条例了。

但是，苏轼仍多次上书宋神宗，陈说新法的种种不便，虽不是全盘否定，可也触怒了王安石。变法派因此上书陈说苏轼的种种过失，甚至诬陷苏轼扶柩回乡途中贩卖私盐等。对于王安石、苏轼双方，我们不能单纯以对错视之。王安石变法旨在富国强兵，对于反对者自然要清理；但是变法涉及范围广，执行过程中有问题，苏轼自然有责任对其弊端提出看法，也因此不可避免地陷入了党争的政治旋涡。

身处旋涡中的苏轼，无奈请求出京任职。熙宁四年（1071），苏轼出任杭州通判。此前，苏辙已出任陈州（治今河南淮阳）教授。七月，苏轼离京，先赴陈州与弟弟会面，九月离开时，苏辙一直送到颍州（今安徽阜阳），一起拜访了在此闲居的恩师欧阳修。

十一月，苏轼途经镇江时，到城外金山寺拜访了寺中长老，写下了著名的七言古诗《游金山寺》。

游金山寺

我家江水初发源，宦游直送江入海。
闻道潮头一丈高，天寒尚有沙痕在。
中泠南畔石盘陀，古来出没随涛波。
试登绝顶望乡国，江南江北青山多。
羁愁畏晚寻归楫，山僧苦留看落日。
微风万顷靴文细，断霞半空鱼尾赤。
是时江月初生魄，二更月落天深黑。
江心似有炬火明，飞焰照山栖鸟惊。
怅然归卧心莫识，非鬼非人竟何物。

江山如此不归山，江神见怪惊我顽。

我谢江神岂得已，有田不归如江水。

这首诗前八句写金山寺山水形胜，中间十句写江景，后四句发出感叹，流露了对官场政治的厌倦及希望买田归隐的心情。

苏轼在杭州通判任上差不多有三年时间，做了大量利国利民的事情，如判官妓从良，疏通运盐河道，协助修复西湖六井，解决民众吃水问题，在常州、润州（今江苏镇江）、苏州、秀州（今浙江嘉兴）等地赈济饥民，等等。

政务之余，苏轼走遍了辖区境内及周边的风景名胜、山川寺院，也留下了大量的优秀诗文。

山村五绝

其一

竹篱茅屋趁溪斜，春入山村处处花。

无象太平还有象，孤烟起处是人家。

《山村五绝》是一组七言绝句，共五首。这组诗写实、议论结合，尖锐地批评了王安石新法实施后对农业生产和农民生活造成的影响，流露出深切的爱民之情。第一首前两句写山村幽美的春色，反衬了农村的凋落；后两句质问整个农村只剩一缕孤烟，难道这就是太平无象吗？苏轼没有想到的是，他揭露新法弊端的这组诗歌，为他后来的政治生涯埋下了隐患。

苏轼在杭州通判期间创作的诗歌，最著名的要数写西湖的《饮湖上初晴后雨二首》。

饮湖上初晴后雨二首

其一

朝曦迎客艳重冈，晚雨留人入醉乡。

此意自佳君不会，一杯当属水仙王。

其二

水光潋滟晴方好，山色空蒙雨亦奇。

欲把西湖比西子，淡妆浓抹总相宜。

这组诗写于熙宁六年（1073）初，第一首写的是"饮湖上"，第二首写的是"初晴后雨"。第一首中所说的"此意自佳君不会"的"此意"，正是指第二首所写的西湖晴雨咸宜，如美人之淡妆浓抹各尽其态。第二首的最后两句，后人评价为"西湖定评"（陈衍《宋诗精华录》）。

这年春天，苏轼到所属各县巡查，在从富阳赴新城途中，秀美的春色、繁忙的春耕场景不断映入眼帘，他创作了《新城道中二首》。

新城道中二首

其一

东风知我欲山行，吹断檐间积雨声。

岭上晴云披絮帽，树头初日挂铜钲。

野桃含笑竹篱短，溪柳自摇沙水清。

西崦人家应最乐，煮芹烧笋饷春耕。

其二

身世悠悠我此行，溪边委辔听溪声。

散材畏见搜林斧，疲马思闻卷旆钲。

细雨足时茶户喜，乱山深处长官清。

人间岐路知多少，试向桑田问耦耕。

杭州吴山最高处有有美堂。嘉祐二年（1057），梅挚出知杭州，宋仁宗亲自赋诗送行，中有"地有吴山美，东南第一州"

之句。梅挚到杭州后，就在吴山顶上建造了这座有美堂，以示不忘皇帝恩宠。欧阳修曾作《有美堂记》，时人也纷纷吟诗作文题吟此堂。苏轼与杭州知州陈襄同游吴山，自有美堂夜归，适逢暴雨，苏轼写下《有美堂暴雨》一诗。

有美堂暴雨

游人脚底一声雷，满座顽云拔不开。

天外黑风吹海立，浙东飞雨过江来。

十分潋滟金樽凸，千杖敲铿羯鼓催。

唤起谪仙泉洒面，倒倾鲛室泻琼瑰。

苏轼喜欢写暴雨，这首诗以雄奇的笔调、新妙的语言把有美堂骤然而至的暴雨写得惊心动魄。颔联两句将想象与写实结合，展现了苏轼雄阔奔放的胸襟。

当时苏辙在齐州（今山东济南）任掌书记，苏轼希望兄弟二人距离近一点，便向朝廷请示，想到东部的州郡任职。熙宁七年（1074）九月，朝廷恩准苏轼调往密州（今山东诸城）任知州。离开杭州之前，苏轼纳妾王朝云，朝云成为苏轼后半生的知己、伴侣。

熙宁八年（1075）的上元节，身在密州的苏轼赋《蝶恋花·密州上元》（灯火钱塘三五夜）一词，回忆杭州上元节的景象。

蝶恋花·密州上元

灯火钱塘三五夜。明月如霜，照见人如画。帐底吹笙香吐麝。此般风味应无价。

寂寞山城人老也。击鼓吹箫，乍入农桑社。火冷灯稀霜露下。昏昏雪意云垂野。

正月二十日，苏轼夜里梦见了亡妻王弗，不禁泪湿枕席，他饱含深情地写下《江城子·乙卯正月二十日夜记梦》（十年生死两茫茫）一词，抒发自己思念亡妻的哀痛与深婉真挚的痴情。

江城子·乙卯正月二十日夜记梦

十年生死两茫茫。不思量，自难忘。千里孤坟，无处话凄凉。纵使相逢应不识，尘满面，鬓如霜。

夜来幽梦忽还乡。小轩窗，正梳妆。相顾无言，惟有泪千行。料得年年肠断处，明月夜，短松冈。

诸城城南有常山，山不甚高，当地人常在此求雨。这年春夏，久旱不雨，苏轼两次前往常山祭祀祈雨，并修建常山庙。第二次祭祀返回时，在常山东南的黄茅冈狩猎，以诗、词记之。

祭常山回小猎

青盖前头点皂旗，黄茅冈下出长围。
弄风骄马跑空立，趁兔苍鹰掠地飞。
回望白云生翠巘，归来红叶满征衣。
圣明若用西凉簿，白羽犹能效一挥。

这首诗首联写狩猎队伍，突出气势；颔联写狩猎场面，更为恢宏；颈联写狩猎返回路上的美景；尾联倾吐怀抱，抒发渴望驰骋疆场的豪情。

江城子·密州出猎

老夫聊发少年狂。左牵黄，右擎苍。锦帽貂裘，千骑卷平冈。为报倾城随太守，亲射虎，看孙郎。

酒酣胸胆尚开张。鬓微霜，又何妨。持节云中，何日遣冯唐？会挽雕弓如满月，西北望，射天狼。

这首词突破了宋词一直以来柔弱的格调，"狂"态毕露，抒写了渴望报效朝廷的壮志情怀。苏轼自己说，这首词"虽无柳七郎风味，亦自是一家，……令东州壮士抵掌顿足而歌之，吹笛击鼓以为节，颇壮观也"。

诸城西北城墙上有一座废弃的楼台，七月，苏轼组织人员进行了一番修葺。政务之余，他常与同僚登台览胜。身在齐州的弟弟苏辙根据《老子》中"虽有荣观，燕处超然"之句，将楼台命名为"超然台"。苏轼为此创作了《超然台赋》《超然台记》等著名文章，表达了知足常乐、乐天知命的超然人生态度。

熙宁九年（1076）寒食节后，苏轼又一次登临超然台，眺望城内城外的春色烟雨，思乡之情油然而生，创作了《望江南·超然台作》（春未老）一词。

望江南·超然台作

春未老，风细柳斜斜。试上超然台上看，半壕春水一城花。烟雨暗千家。

寒食后，酒醒却咨嗟。休对故人思故国，且将新火试新茶。诗酒趁年华。

这首词把北方密州的春色写出了江南杭州的韵味。上片写春景，氤氲着淡淡的惆怅；下片抒乡情，表达了超然的人生态度。

这年中秋节，苏轼与朋友欢饮达旦，望月怀人，写下了《水调歌头》（明月几时有）这首著名词作。词前小序中说，此词为思念弟弟苏辙而作，但词中将兄弟之情上升到人间悲欢离合的普遍情感，并把这种情感置于对宇宙人生的深刻追问与思考中，具有了更深远的意义。

水调歌头

丙辰中秋，欢饮达旦，大醉。作此篇，兼怀子由。

明月几时有，把酒问青天。不知天上宫阙，今夕是何年。我欲乘风归去，又恐琼楼玉宇，高处不胜寒。起舞弄清影，何似在人间。

转朱阁，低绮户，照无眠。不应有恨，何事长向别时圆？人有悲欢离合，月有阴晴圆缺，此事古难全。但愿人长久，千里共婵娟。

十二月，苏轼改知河中府（今山西永济），赴任途中，又改知徐州。于是次年四月，苏轼乘船沿汴河前往徐州，当时苏辙除授南京留守签判，与兄同行。途中又逢中秋，兄弟二人不再两地思念，而是共同赏月，二人都有诗词记之。苏轼写下一首小词《阳关曲·中秋作》（暮云收尽溢清寒）。

阳关曲·中秋作

暮云收尽溢清寒，银汉无声转玉盘。

此生此夜不长好，明月明年何处看。

苏轼到任不到三个月，黄河在澶州（今河南濮阳西）决口，下游地区的徐州被淹七十多天。苏轼亲自带领民众筑堤抗灾，灾后又修建防患设施，还在徐州城东门建造了一座楼，用黄土粉刷，名为"黄楼"，取"土实胜水"之意。后来，苏辙、秦观登临此楼，创作了《黄楼赋》。事实上，这座城楼对预防水患可能并没有多大实际作用，但在凝聚人心、安抚民众方面颇具意义。

元丰元年（1078）春，徐州久旱不雨。作为地方长官，苏轼带领官员百姓，到城东二十里的石潭求雨，不久天降大雨，他又去石潭祭祀，感谢苍天。归途之中，他看到雨后的农村景象，创作了五首《浣溪沙》，记录了途中所见、所闻、所想，既描写了优美的农村风光，也反映了农民的真实情绪，还流露出词人的欣喜之情。其中第四首中"村南村北响缲车，牛衣古柳卖黄瓜""日高人渴漫思茶，敲门试问野人家"几句，展现了农事忙碌的乡野村巷，真切自然，意趣盎然。

这年五月，宋代另一位著名词人秦观从高邮入京应举，途经徐州时，特地前往拜谒苏轼。这是二人的初次会面，从此结下了深厚的友谊。秦观有《别子瞻》诗，其中有"我独不愿万户侯，惟愿一识苏徐州"之语。

九月九日重阳节，苏轼与好友王巩（字定国）等人饮酒赏菊，赋诗唱和，苏轼有《九日次韵王巩》一诗，于洒脱的人生态度中流露出怀才不遇、乐天知命的情绪。

九日次韵王巩

我醉欲眠君罢休，已教从事到青州。

鬓霜饶我三千丈，诗律输君一百筹。

闻道郎君闭东阁，且容老子上南楼。

相逢不用忙归去，明日黄花蝶也愁。

元丰二年（1079）三月，苏轼徐州任满，改知湖州。苏轼到任之后向朝廷上谢表，谢表中有"愚不适时，难以追陪新进""老不生事，或能牧养小民"之语，这些颇带书生意气的语句，给苏轼以后政治生涯埋下了隐患。

七月七日，古时有晒书的习俗。苏轼在晒书时翻检到了文同的《筼筜谷偃竹》这幅画，文同已于年初去世。苏轼睹物思人，失声痛哭，写下了《文与可画筼筜谷偃竹记》，总结了"画竹必先得成竹于胸中"的理论。

七月二十八日，祸从天降。御史台官吏皇甫遵奉朝廷之命，从汴京赶到湖州，当场逮捕了苏轼，堂堂的一州长官，被驱如犬鸡。逮捕的理由是苏轼指责皇帝，愚弄朝廷，包藏祸心。原来，从这年六月开始，御史台的几名官吏已经连续四次上奏弹劾苏轼，证据就是苏轼的《湖州谢表》及苏轼写的揭露新法弊端的诗歌，还有一些与此无关却被断章取义的诗歌。他们罗织罪名，说这些诗文讥讽皇帝，不忠不义，死有余辜，因此朝廷命御史台审理。御史台中多植松柏，上有乌鸦栖息，故又称乌台。这就是北宋著名的"乌台诗案"。

苏轼下狱后，官吏严刑逼供，苏轼自忖必死，作《狱中寄子由二首》请狱卒转交弟弟苏辙，交代后事。

狱中寄子由二首

予以事系御史台狱，狱吏稍见侵，自度不能堪，死狱中，不得一别子由，故作二诗授狱卒梁成，以遗子由，二首。

其一

圣主如天万物春，小臣愚暗自亡身。

百年未满先偿债，十口无归更累人。

是处青山可埋骨，他年夜雨独伤神。

与君今世为兄弟，更结来生未了因。

其二

柏台霜气夜凄凄，风动琅珰月向低。

梦绕云山心似鹿，魂惊汤火命如鸡。

眼中犀角真吾子，身后牛衣愧老妻。

百岁神游定何处，桐乡知葬浙江西。

苏辙得此诗，以面伏案，放声痛哭，不忍卒读。欲加之罪，何患无辞？他深知事情的严重性，匆忙上书皇帝，乞求交出自己的现任官爵，赎回长兄苏轼死刑。

同时，朝野内外对苏轼的救援活动也纷纷展开。不但与苏轼政见相同的许多元老如前宰相张方平、范镇等人纷纷上书，就连一些变法派的有识之士如章惇也劝谏宋神宗不要杀苏轼。闲居金陵的王安石上书说："安有圣世而杀才士乎？"苏轼下狱一百三十日，终因王安石"一言而决"，从轻发落，贬为黄州（今湖北黄冈）团练副使，本州安置，不得签署公事，受当地官员监视。苏辙被贬为监筠州（治今江西高安）盐酒税，五年不得升调。其他被牵连的人员也悉数被贬。

"乌台诗案"成为苏轼一生的重要转折点。元丰三年（1080）正月初一，当人们还沉浸在新年的喜悦中的时候，苏轼离开京城，前往贬所黄州。二月一日，他到达黄州，上谢表，先寓居定慧院，后来迁居城南临皋亭，修筑南堂。

初到黄州后复杂矛盾的心情，从苏轼《初到黄州》一诗中可见一斑。

初到黄州

自笑平生为口忙，老来事业转荒唐。

长江绕郭知鱼美，好竹连山觉笋香。

逐客不妨员外置，诗人例作水曹郎。

只惭无补丝毫事，尚费官家压酒囊。

这是首自我解嘲的诗，"为口忙"语义双关，既指养家糊口，又指因言获罪。诗歌写了诗人初到黄州所见，在自然中寻美，在逆境中找乐，表现了一贯的豁达与乐观，在随缘自适中也隐约透露着政治上不能有所作为的无奈。正是此番境遇，造就了苏轼一生诗文创作的高峰，奠定了他在中国文学史上的崇高地位。

五月，苏辙赴筠州上任，经黄州，苏轼妻子王闰之及家小同来。七月七日，苏轼登上邻近临皋亭的朝天门城楼，触景生情，写下词两首，以表达夫妻团圆、永不分离的愿望。

菩萨蛮·七夕，黄州朝天门上二首
其二

风回仙驭云开扇，更阑月坠星河转。枕上梦魂惊，晓檐疏雨零。

相逢虽草草，长共天难老。终不羡人间，人间日似年。

深秋，苏轼写下著名的《卜算子·黄州定慧院寓居作》（缺月挂疏桐）一词，用缺月、疏桐、幽人、孤鸿等一系列意象，表达了孤高自许、蔑视世俗的心境与孤独寂寞的情绪。

卜算子·黄州定慧院寓居作

缺月挂疏桐，漏断人初静。时见幽人独往来，缥缈孤鸿影。

惊起却回头，有恨无人省。拣尽寒枝不肯栖，寂寞沙洲冷。

苏轼到黄州后，生活日益困顿。元丰四年（1081），在友人马正卿的斡旋下，他在黄州城东以前军队驻扎的地方，申请了几十亩废弃的荒地，躬耕其中，低处种稻，高处栽枣树、栗树，以补贴家用，并效仿唐代白居易在忠州（今重庆忠县）时命名东坡之意，将此地命名为"东坡"，苏轼亦自号"东坡居士"。

当时，苏轼的好友章楶（字质夫）任荆湖北路提点刑狱，写有《水龙吟》一词，苏轼大为赞赏，次韵一首。

水龙吟·次韵章质夫杨花词

似花还似非花，也无人惜从教坠。抛家傍路，思量却是，无情有思。萦损柔肠，困酣娇眼，欲开还闭。梦随风万里，寻郎去处，又还被莺呼起。

不恨此花飞尽，恨西园、落红难缀。晓来雨过，遗踪何在？一池萍碎。春色三分，二分尘土，一分流水。细看来，不是杨花，点点是离人泪。

王国维《人间词话》中说："东坡杨花词，和韵而似原唱；章质夫词，原唱而似和韵。"苏轼这首写杨花（柳絮）的次韵婉约词，知名度远远超过了章质夫的原作。词作处处写杨花，又处处写离人、写离愁，写得幽怨缠绵又空灵飞动。

元丰五年（1082）元宵节后，苏轼在东坡建造草屋五间，因为是在大雪中开工的，四周的墙壁上又绘满了雪景，故命名为"雪堂"，自书"东坡雪堂"匾额。他在《次韵孔毅父久旱已而甚雨三首》中对此有所记载："去年东坡拾瓦砾，自种黄桑三百尺。今年刈草盖雪堂，日炙风吹面如墨。""四邻相率助举杵，人人知我囊无钱。"苏轼又作《雪堂记》以记之。

正月二十日，苏轼与友人潘大临、郭遘等人出城探春。他想起去年今日，自己要去岐亭拜访陈慥，郭遘、潘大临等几位朋友送别到黄州城东十五里的女王城东禅庄院，他曾口占一诗。今年同日又同游，苏轼便和去年的诗韵又写了一首。

正月二十日，与潘、郭二生出郊寻春，忽记去年是日同至女王城作诗，乃和前韵

东风未肯入东门，走马还寻去岁春。
人似秋鸿来有信，事如春梦了无痕。

江城白酒三杯酽，野老苍颜一笑温。

已约年年为此会，故人不用赋招魂。

黄州东南三十里的地方是沙湖，又叫螺师店，苏轼打算在这个地方买块土地。这年的三月七日，他前往沙湖看地，途中遇雨，同行者皆狼狈不堪，只有苏轼悠然自得。这场雨，"浇"出了一首著名的词《定风波》（莫听穿林打叶声），也"浇"出了苏轼一个别样的人生。

定风波

三月七日，沙湖道中遇雨。雨具先去，同行皆狼狈，余独不觉。已而遂晴，故作此词。

莫听穿林打叶声，何妨吟啸且徐行。竹杖芒鞋轻胜马，谁怕？一蓑烟雨任平生。

料峭春风吹酒醒，微冷，山头斜照却相迎。回首向来萧瑟处，归去，也无风雨也无晴。

阴也罢，晴也罢；风也罢，雨也罢；冷也罢，暖也罢；醉也罢，醒也罢：一切随缘，竹杖芒鞋，吟啸徐行，一蓑烟雨任平生。这就是苏轼旷达自适的风雨人生。

四月寒食节，阴雨，苏轼写了两首《寒食雨》五言诗，表达了他怅惘孤独之情。这两首诗算不上苏轼诗歌中的上乘之作，但非常知名，主要原因是苏轼后来将这两首诗以行书书写下来，真迹历代传承，现藏台北"故宫博物院"，这就是著名的《黄州寒食帖》。此贴被誉为"天下第三行书"（第一为王羲之的《兰亭序》，第二为颜真卿的《祭侄文稿》）。

寒 食

其一

自我来黄州，已过三寒食。

年年欲惜春，春去不容惜。

今年又苦雨，两月秋萧瑟。

卧闻海棠花，泥污燕脂雪。

暗中偷负去，夜半真有力。

何殊病少年，病起头已白。

其二

春江欲入户，雨势来不已。

小屋如渔舟，蒙蒙水云里。

空庖煮寒菜，破灶烧湿苇。

那知是寒食，但见乌衔纸。

君门深九重，坟墓在万里。

也拟哭途穷，死灰吹不起。

黄州附近有蕲水，苏轼因事去蕲水，山行夜饮，醉卧小桥畔，醒来已是拂晓，遂题《西江月》（照野弥弥浅浪）于桥柱上。

西江月

春夜行蕲山水中过酒家，饮酒醉，乘月至一溪桥上，解鞍曲肱少休。及觉已晓，乱山葱茏，不谓人世也，书此词桥柱上。

照野弥弥浅浪，横空暧暧微霄。障泥未解玉骢骄，我欲醉眠芳草。

可惜一溪明月，莫教踏破琼瑶。解鞍欹枕绿杨桥，杜宇一声春晓。

蕲水城门外二里许，有清泉寺，下临兰溪，溪水因为地势而向西流。苏轼与朋友一同游览了清泉寺，赋《浣溪沙》（山下兰芽短浸溪）一首。

浣溪沙

游蕲水清泉寺。寺临兰溪，溪水西流。

山下兰芽短浸溪，松间沙路净无泥。萧萧暮雨子规啼。

谁道人生无再少？门前流水尚能西。休将白发唱黄鸡。

这首词上片写景，山下小溪淙淙，兰草初萌，松间沙径，一尘不染，潇潇暮雨，子规声声。一切风景凸显"净""静"两字：溪流、子规、暮雨，衬托"静"字；兰芽、沙路、松林，写的是一个"净"字。只有脱离了尘世，才有一颗安静、纯净的心，才能体味大自然独特的魅力。下片写苏轼的人生感悟。以苏轼之知识才能，他不会不知道，这西流的小溪，最终还是转向东流的。但他不去追究这些，而去质疑古人说的"人生无再少"的正确性，同时对白发黄鸡式的时光感叹也统统抛弃。哪有如意的人生，只有看开的生活！这首词反映了苏轼身处困境穷且益坚的心态，洋溢着一种积极向上的豪情。

黄州城西北，有座红褐色的石崖，形状似鼻，因此被称作赤鼻矶，又因为石崖屹立如石壁，因此又称赤壁。从唐代开始，文人就经常把这个地方与三国时期赤壁之战的古战场联系起来，虽然这不符合历史真实，却赋予了这个地方更多的历史意蕴。苏轼也曾多次到此游览。元丰五年（1082）七月十六日，他与友人又一次游览此地，月夜泛舟赤壁之下，写下了著名的《赤壁赋》（也称《前赤壁赋》）。

《赤壁赋》是中国文学史上文赋的代表作，也对此后的诗歌、散文、辞赋等产生了深远的影响。这篇赋按照传统赋主客问答的形式，先写月夜泛舟赤壁之下的欢畅，再写怀古伤今、人生无常的怨伤，最后从变与不变的角度看待宇宙人生，写精神的解脱。赋虽以主客问答的形式呈现，反映的却是苏轼个人的精神历程，把他身处逆境之中豁达、乐观、随缘自适的心态表露无遗。

苏轼那首著名的《念奴娇·赤壁怀古》（大江东去）大约也写于这个时候。

念奴娇·赤壁怀古

大江东去，浪淘尽、千古风流人物。故垒西边，人道是、三国周郎赤壁。乱石穿空，惊涛拍岸，卷起千堆雪。江山如画，一时多少豪杰。

遥想公瑾当年，小乔初嫁了，雄姿英发。羽扇纶巾，谈笑间、强虏灰飞烟灭。故国神游，多情应笑我，早生华发。人生如梦，一尊还酹江月。

其实，这首词作反映的思想是矛盾的，有对壮丽山河的歌唱，有对英雄人物的礼赞，也有对人生如梦的感喟。但整体上，词作的思想是积极的，滚滚东流水、江涛千堆雪、雄姿英发的周瑜，都充满着雄壮的豪气，人生如梦的感喟，大概是苏轼对自己身处逆境的无奈开脱而已。

九月，苏轼在东坡雪堂畅饮，大醉，醒来已三更时分，夜归城南临皋寓所，敲门不应，遂于门外依杖听江声，忽生归隐江湖的出世念头。

临江仙·夜归临皋

夜饮东坡醒复醉，归来仿佛三更。家童鼻息已雷鸣。敲门都不应，依杖听江声。

长恨此身非我有，何时忘却营营。夜阑风静縠纹平。小舟从此逝，江海寄余生。

这年十月十五日夜，苏轼与友人又一次夜游赤壁，留下了一篇名赋，因为此前已有一篇《赤壁赋》，所以此赋称为《后赤壁赋》。《赤壁赋》以借景抒怀为主，《后赤壁赋》以记游为主，先交代游览之前的情况，写良朋、美酒、佳景；再写登岸履险、俯江长啸；最后写梦见道士化鹤，隐约流露出怅然若失的苦闷。

元丰六年（1083）三月，张怀民（字梦德，一字偓佺）被贬黄州，初寓居承天寺。苏轼与之惺惺相惜，十月十二日，他夜不能寐，遂至承天寺访张怀民，二人夜游，有《记承天寺夜游》一文记之。这则只有八十余字的短文，将承天寺的夜色娓娓道来，如行云流水，真正体现了苏轼为文起于当起、止于当止的特色。

六月，张怀民营建新居，在新居西南造亭，此亭可以观览长江盛景，苏轼起名为"快哉亭"。十一月一日，苏辙撰写《黄州快哉亭记》一文记之，苏轼则写了《水调歌头·黄州快哉亭赠张偓佺》（落日绣帘卷）赠张怀民。

水调歌头·黄州快哉亭赠张偓佺

落日绣帘卷，亭下水连空。知君为我，新作窗户湿青红。长记平山堂上，欹枕江南烟雨，杳杳没孤鸿。认得醉翁语，山色有无中。

一千顷，都镜净，倒碧峰。忽然浪起，掀舞一叶白头翁。堪笑兰台公子，未解庄生天籁，刚道有雌雄。一点浩然气，千里快哉风。

元丰七年（1084）三月九日，宋神宗以手札下诏，苏轼移汝州团练副使，本州安置。四月，苏轼离开黄州，前往汝州赴任。途中路过庐山，庐山南麓有开先寺，寺僧向苏轼求诗，苏轼遂写下一首绝句："帝遣银河一派垂，古来惟有谪仙词。飞流溅沫知多少，不与徐凝洗恶诗。"写庐山瀑布最著名的诗当然是李白的《望庐山瀑布》："日照香炉生紫烟，遥看瀑布挂前川。飞流直下三千尺，疑是银河落九天。"唐代的徐凝也写过一首："虚空落泉千仞直，雷奔入江不暂息。今古长如白练飞，一条界破青山色。"苏轼这首诗嘲笑徐凝，说庐山瀑布日夜飞流，水花四溅，也洗不净徐凝这首诗的恶。说实话，徐凝的这首诗，虽比不上李白的《望庐山瀑布》，但也没有那么差。不过，文名高如苏轼者说它是"恶诗"，后世也便难逃"恶诗"之名了。

　　苏轼漫游庐山的诗文中，《题西林壁》是传诵最广的一首。

题西林壁

　　横看成岭侧成峰，远近高低各不同。

　　不识庐山真面目，只缘身在此山中。

　　这是苏轼游览庐山的总结，题写在庐山西麓西林寺的墙壁上。前两句写景，后两句议论，所包含的哲理从写景中来，但又超越了景色及诗人所感本身，有了更普遍的意义，读来自然亲切，耐人寻味。

　　六月，长子苏迈授饶州府德兴县尉，苏轼送至江州（今江西九江）东北六十里的湖口分别，顺便游览了石钟山，写下了著名的游记散文《石钟山记》。《石钟山记》通过对石钟山得名由来的探究，说明了探究真相必须实地考察、亲身经历的道理，尤其是末尾议论，行文曲折，语言灵活，点中实质，发人深省。

七月，苏轼途经江宁（今江苏南京），逗留一月余。闲居江宁、身在病中的王安石多次来访，两人一同饮酒赏花，议论政事，赋诗唱和，前嫌尽释，相约来日结邻而居。

次荆公韵四绝

其二

斫竹穿花破绿苔，小诗端为觅桤栽。

细看造物初无物，春到江南花自开。

其三

骑驴渺渺入荒陂，想见先生未病时。

劝我试求三亩宅，从公已觉十年迟。

《次荆公韵四绝》这组诗便是苏轼和王安石诗的作品。第二首写了江南春景，其中蕴含着深刻的道理。世间万物，皆有因缘，亦须契机，不必强求，一切应顺其自然。第三首写了两人相见的情景，苏轼骑驴穿过荒陂，来看望久病的王安石，据说王安石后来也骑驴谒苏轼于舟次。遗憾的是，二人结邻而居的愿望最终没能实现，两年后，王安石就离开了人世。

大约在这年年底，苏轼抵达泗州（今江苏盱眙），与泗州人刘倩叔一起游览了泗州东南的南山，此山被誉为"淮北第一山"。苏轼创作了《浣溪沙》（细雨斜风作晓寒）一词。

浣溪沙

元丰七年十二月二十四日，从泗州刘倩叔游南山

细雨斜风作晓寒，淡烟疏柳媚晴滩。入淮清洛渐漫漫。雪沫乳花浮午盏，蓼茸蒿笋试春盘。人间有味是清欢。

这首词上片写早春景象，下片写清茶野餐，一切都体现着

一个"淡"字：淡淡的风景、淡味的野餐、淡然的人生态度。"人间有味是清欢"，这最淡的味道，却是最值得反复体味的。

在泗州，苏轼上书朝廷，请求回常州居住。元丰八年（1085）正月，已经到达南都（今河南商丘）的苏轼，收到了朝廷恩准他常州居住的请求。

三月五日，宋神宗去世，年幼的宋哲宗继位，高太后临朝听政。朝廷的人事发生变动，司马光被重新起用，新党受到打压。远在常州已购置几亩薄田准备安度余生的苏轼，又接到了朝廷任命，复朝奉郎、知登州（今山东蓬莱），后又以朝奉郎除礼部郎中。十月十五日，苏轼抵达登州，刚刚到任五天，朝廷又诏其还京。

赴京之前，苏轼观史全叔所藏唐代著名画家吴道子的绘画，作《书吴道子画后》赠之。在这篇文中，苏轼借分析吴道子画的特色，总结了自己的艺术创作经验，提出了"出新意于法度之中，寄妙理于豪放之外"的精辟论断。

苏轼于十二月上旬到达京城，就礼部郎中任，不久除起居舍人，赐金紫。起居舍人负责记录皇帝的日常言行及国家大事，撰修起居注，品级虽不算高，但是皇帝的侍奉官，属清要之职。

苏轼著名的题画诗《惠崇春江晚景二首》大约作于此时。惠崇是宋初九僧之一，能诗善画，《春江晚景》共两幅，一幅是"鸭戏图"，一幅是"大雁图"，苏轼的题画诗也是两首，因许多选本仅选第一首，故第一首名气更盛。

惠崇春江晚景二首

其一

竹外桃花三两枝，春江水暖鸭先知。

蒌蒿满地芦芽短，正是河豚欲上时。

其二

两两归鸿欲破群，依依还似北归人。

遥知朔漠多风雪，更待江南半月春。

当初，苏轼的好友王巩因为"乌台诗案"牵连，被贬到岭南荒僻之地，他的歌妓柔奴（别名寓娘）毅然随行，直到元丰六年才回到汴京。元祐元年（1086）正月，在宴席上，柔奴给苏轼敬酒，苏轼问及广南风土，柔奴以"此心安处便是吾乡"回答。苏轼听后，感同身受，赋词以赠。

定风波

王定国歌儿曰柔奴，姓宇文氏，眉目娟丽，善应对，家世住京师。定国南迁归，余问柔："广南风土应是不好？"柔对曰："此心安处便是吾乡。"因为缀词云。

常美人间琢玉郎，天应乞与点酥娘。尽道清歌传皓齿，风起，雪飞炎海变清凉。

万里归来颜愈少，微笑。笑时犹带岭梅香。试问岭南应不好，却道，此心安处是吾乡。

这首赠送侍儿的词，其实也是赠给王巩的，更有苏轼个人的人生体验。"此心安处是吾乡"，既有具体的生成语境，更有超越当时语境的意义。

三月，苏轼免试为中书舍人，不久迁翰林学士，知制诰，负责起草诏告。苏轼虽然短时间内连升数级，位极人臣，但他对旧党执政后的所作所为并不认同。原来，司马光当政后，打着"以母改子"的旗号，全面废除新法，打击变法派，一切回归到王安石变法之前的制度，史称"元祐更化"。实际上，苏轼当初虽对变法持有不同意见，但并未全盘否定，更不愿见风使舵，因此如今在部分新法的存废问题上，他据理力争，与旧党产生了激烈的冲突。不久，王安石、司马光相继去世，二人的离世并没有带走党争，朋党之祸日重，新旧两党连番攻击，捕风捉影，断章取义，诬陷造谣，无所不用其极。苏轼无奈多次上书请求外任，元祐四年（1089）三月，他以龙图阁学士除知杭州。

苏轼在杭，关心民生，疏通运河，赈灾救济，治理西湖。他组织人力疏浚西湖湖底，利用挖出的淤泥在西湖南北之间构建了一条堤岸，上面修建六桥，既保证了西湖水资源的利用，又便利了交通，还给西湖增加了一道亮丽的风景。后人称这道堤岸为"苏堤"，"苏堤春晓"今天已成为西湖的十大美景之一。当然，西湖的湖光山色也成为苏轼游览不厌、反复吟咏的对象。

当时刘景文任两浙兵马都监，驻杭州。苏轼视之为国士，二人诗歌酬唱，来往密切。刘景文当时已五十八岁，苏轼写了《赠刘景文》一诗，勉励他不要消沉。

赠刘景文

荷尽已无擎雨盖，菊残犹有傲霜枝。

一年好景君须记，正是橙黄橘绿时。

这首诗托物言志，借荷枯菊残之际尚有傲霜枝高举，赞颂孤标高洁之品质，而后两句话锋一转，夏荷秋菊俱往矣，这初冬之时，才是一年好景，劝勉刘景文乐观向上。全诗语浅情深，是广为传诵的名篇。

元祐六年（1091）二月，苏轼除翰林学士承旨，被召还入京。离开杭州时，他写作了《八声甘州·寄参寥子》（有情风），告别友人参寥。

八声甘州·寄参寥子

有情风、万里卷潮来，无情送潮归。问钱塘江上，西兴浦口，几度斜晖？不用思量今古，俯仰昔人非。谁似东坡老，白首忘机。

记取西湖西畔，正暮山好处，空翠烟霏。算诗人相得，如我与君稀。约它年、东还海道，愿谢公雅志莫相违。西州路，不应回首，为我沾衣。

参寥子，名道潜，字参寥，与苏轼过从甚密，为莫逆之交。苏轼被贬黄州时，他不远千里赶去，追随数年。这首词上片从具体的钱塘江海潮写起，写了有情和无情，写了时间流逝，写了古与今，归结为一切不必在意；下片写二人在杭的交往，相知甚深，相约归隐。词作气势恢宏，荡气回肠。

苏轼五月底抵京，三个月后又一次外任，出知颍州，主要还是因为政见不合，遭人排挤。四十三年前，欧阳修曾在颍州做官，苏轼曾和欧阳修同游颍州西湖，欧阳修作《木兰花令》。这次再来颍州，听闻当地歌妓还在演唱欧词，苏轼感慨万千，次欧阳修词韵创作了一首《木兰花令·次欧公西湖韵》（霜余已失长淮阔），以此表达对恩师的怀念。

木兰花令·次欧公西湖韵

霜余已失长淮阔。空听潺潺清颍咽。佳人犹唱醉翁词，四十三年如电抹。

草头秋露流珠滑。三五盈盈还二八。与余同是识翁人，惟有西湖波底月。

元祐七年（1092）正月，苏轼改知扬州；八月，朝廷以兵部尚书召还，除端明殿学士、礼部尚书兼翰林侍读学士。苏轼不愿陷入朝廷无休无止的党争中，多次请求外任，第二年，除知定州。

定州处于宋辽边境地区，苏轼到任之后，积极整顿武备。在此之前，太皇太后高氏去世，十九岁的宋哲宗亲政，苏轼的内心深处预感有一场政治风暴即将来袭。果然，第二年正月，宋哲宗改元绍圣，意为继承宋神宗的制度，章惇被起用为相，熙宁、元丰时期的新党人物悉数登台，他们以打击元祐党人为主要政治目标。当时在朝的高级官员三十余人悉数被贬岭南等偏远地区，苏轼兄弟未能幸免。

四月，侍御史虞策、殿中侍御史来之邵等人罗织罪名，指责苏轼在朝所作的诏告中讥讽先朝，以泄私愤，朝廷因此取消了苏轼的端明殿学士、翰林侍读学士的称号，取消了定州知州的官职，以左朝奉郎知英州（今广东英德）。诏命刚下，虞策认为处罚得太轻了，又降为充左承议郎，仍知英州。苏轼赴任途中，来之邵又上书指责其借文字讥斥先朝，虽已降职，但仍未平息舆论，于是朝廷又责授其宁远军节度副使，惠州安置。

八月七日，苏轼进入赣江，经过江西万安县的惶恐滩。面对险滩，远离京城、前途未卜的苏轼，写下《八月七日初入赣过惶恐滩》记之。

八月七日初入赣过惶恐滩

七千里外二毛人，十八滩头一叶身。
山忆喜欢劳远梦，地名惶恐泣孤臣。
长风送客添帆腹，积雨浮舟减石鳞。
便合与官充水手，此生何止略知津。

这首诗前四句写自己晚年被贬谪的凄凉景况，情绪低沉；后四句描写行船的情境，又见达观。尤其是最后两句，我一生乘舟，经历过多少大风大浪，岂止是知道几个渡口而已，看来我很适合给朝廷做水手啦！身在如此处境的苏轼，仍然不忘诙谐幽默一把，泰然面对生命中的所有困境。

十月二日，苏轼抵达惠州，写下《十月二日初到惠州》一诗。

十月二日初到惠州

仿佛曾游岂梦中，欣然鸡犬识新丰。

吏民惊怪坐何事，父老相携迎此翁。

苏武岂知还漠北，管宁自欲老辽东。

岭南万户皆春色，会有幽人客寓公。

汉高祖刘邦为解父亲乡愁，在长安附近仿照家乡丰邑建造新丰，将家乡的鸡犬一块儿搬来，因风景相似，鸡犬都各自认识自己的家。宋时的惠州属蛮荒之地，但民风淳朴。苏轼贬谪到此，不是长吁短叹，而是欣然自得，就像鸡犬把新丰当丰邑一样，直把异乡作家乡，真正践行了"此心安处是吾乡"。

绍圣二年（1095）九月间，苏轼与王朝云闲坐，令其演唱《蝶恋花·春景》（花褪残红青杏小）一词，欲遣悲秋之愁。

蝶恋花·春景

花褪残红青杏小。燕子飞时，绿水人家绕。枝上柳绵吹又少。天涯何处无芳草。

墙里秋千墙外道。墙外行人，墙里佳人笑。笑渐不闻声渐悄。多情却被无情恼。

据说朝云正欲演唱之时，忽然泪下。苏轼问之，朝云说："奴所不能歌，是'枝上柳绵吹又少。天涯何处无芳草'也。"苏轼大笑，道："是吾正悲秋，而汝又伤春矣。"不久，朝云病卒，苏轼终生不再听此曲。这段故事虽源自笔记，但应该大抵符合事实。苏轼的继任妻子王闰之在苏轼赴定州任之前卒于京师，朝云是苏轼晚年身边最重要的伴侣。

惠州太守东堂是故相陈尧佐的祠堂，陈尧佐知惠州时，曾在堂下亲自栽种一株荔枝，当地人称为将军树。绍圣三年（1096），这株荔枝树大获丰收，上至官员，下到吏卒，都饱享口福，树高之处够不到的荔枝，任凭猿猴采之。苏轼有《食荔枝二首》，其中第二首广为传诵。

食荔枝二首

其二

罗浮山下四时春，卢橘杨梅次第新。

日啖荔支三百颗，不辞长作岭南人。

惠州盛产荔枝，苏轼除品尝了荔枝的美味外，还写作了《荔支叹》七言古诗，"十里一置飞尘灰，五里一堠兵火催。颠坑仆谷相枕藉，知是荔支龙眼来"，借唐代千里贡荔枝之事，抒历史之慨叹。而当今朝堂之上，亦有奸臣"争新买宠各出意，今年斗品充官茶"。苏轼从过去写到现在，有叙有议，批判了统治者的荒淫无耻，斥责了奸佞争新买宠，对遭受戕害的民众深表同情。

绍圣四年（1097），眼见北归无望，苏轼便作常住惠州的打算，在白鹤峰建造了新居约二十间，堂名"德有邻"，轩名"思无邪"，亭曰"悠然"。年初，苏轼的长子苏迈携带家人，从宜兴赴韶州（今广东韶关）仁化县令任，特来惠州与苏轼相会。当初苏轼被贬，赴任途中朝廷不断改变任命，长子苏迈及家眷等人不知所往，只得途中暂留，因曾在常州购置土地，便暂时留在宜兴，只有三子苏过与侍妾朝云随从。如今，全家异地团聚，也算是落难之中的一丝慰藉。

谁知造物弄人，全家团聚没多久，朝廷又下令责受苏轼琼州（今海南海口）别驾，移昌化军（今海南儋州市西北）安置。据说这次再贬的原因是苏轼在惠州写作的诗词传到了京师宰相那里，宰相见诗词中所写生活闲适悠然，故有琼州之贬。

苏轼只得将家人安置在惠州，与苏过前往儋州赴任。途中，他偶遇被贬雷州（今广东湛江）的弟弟苏辙，兄弟同行至雷州方别。中秋之夜，苏轼作《西江月》（世事一场大梦），表达思念弟弟苏辙之情。

西江月

世事一场大梦，人生几度秋凉。夜来风叶已鸣廊。看取眉头鬓上。

酒贱常愁客少，月明多被云妨。中秋谁与共孤光。把盏凄然北望。

苏轼到儋州后的生活是很艰难的：食无肉，病无药，居无室，出无友。这首词上片感伤，咏人生短暂，叹壮志难酬；下片悲愤，叹世道险恶，悲人生寥落。中秋时节，怀念兄弟，然人生如梦，几度秋凉，这既是对世事的感叹，也是看破人生的自我解脱之语。

最初到儋州时，苏轼租赁馆舍居住。元符元年（1098）春，朝廷巡查的官员到达此地，以为不可，便将苏轼驱逐出去。苏轼只得在当地买地，在友人、学生的资助及当地乡民的帮助下，建造了几间房屋。

新 居

朝阳入北林，竹树散疏影。
短篱寻丈间，寄我无穷境。

旧居无一席，逐客犹遭屏。

结茅得兹地，翳翳村巷永。

数朝风雨凉，畦菊发新颖。

俯仰可卒岁，何必谋二顷。

在被贬的岁月里，苏轼对陶渊明恬然自安的处世态度倾慕不已，不断写诗和陶渊明的诗，几乎将陶渊明的诗和了一遍。他对陶诗"质而实绮，癯而实腴"的评价，至今仍被视为定评。这首《新居》也明显带有陶诗风格，不管遭遇什么困境，苏轼总能随遇而安、恬然自得。

元符二年（1099）春，苏轼独行，拜访了当地四个黎姓的朋友，写下了三首诗记录此事。

被酒独行，遍至子云威徽先觉四黎之舍，三首

其一

半醒半醉问诸黎，竹刺藤梢步步迷。

但寻牛矢觅归路，家在牛栏西复西。

其二

总角黎家三四童，口吹葱叶送迎翁。

莫作天涯万里意，溪边自有舞雩风。

这两首诗写得浅显如话，还有一些貌似粗俗的意象，如牛粪、葱叶等，但读来不但感觉不到俗，反而感觉到浓郁的生活气息和淳朴的乡村风味。把朴素的东西写得富有风趣，漫不经心之间，情感行云流水般汩汩而出，这样的大家气象，也只有苏诗有此。

元符三年（1100）正月，宋哲宗离世，宋徽宗继位，朝廷政局发生了有利于元祐党人的变化，苏轼因此恩移廉州（今广

西合浦）安置。六月二十日，他渡海内迁，作诗抒怀，总结自己多年来被贬谪的生活。

六月二十日夜渡海

参横斗转欲三更，苦雨终风也解晴。

云散月明谁点缀，天容海色本澄清。

空余鲁叟乘桴意，粗识轩辕奏乐声。

九死南荒吾不恨，兹游奇绝冠平生。

这首诗貌似纪实，其实大量用"比"，多诉言外之意。雨止风息，云散月明，既是写景，又是写政局的变化及个人的遭际。最后两句含蓄幽默，写了倨傲不屈的自信及旷达豪放的人生态度。

到达廉州不久，朝廷诏授苏轼舒州团练副使，永州安置；行至英州时，再复朝奉郎、提举成都府玉局观、外州军任便居住。于是苏轼度岭北归，行至真州（今江苏仪征）时，游金山龙游寺。苏轼好友、著名画家李公麟曾画苏轼画像留金山寺，如今面对自己当年的画像，苏轼抚今追昔，感慨万千，在画像上题诗一首。

自题金山画像

心似已灰之木，身如不系之舟。

问汝平生功业，黄州惠州儋州。

这首六言诗以自嘲的口吻，概括了诗人一生的遭遇。自嘲之中有庄重，无奈之中有超脱。短短二十四个字的总结，似乎暗示着苏轼已经走近生命尽头。

苏轼在偏远之地多年，深受瘴气的侵害，行至常州时，已入夏，天气炎热。苏轼在瘴暑交加之下，身体每况愈下，竟因此一病不起。七月二十八日，他病逝于常州，遵照遗嘱，葬于汝州。

苏轼走了，带着他一生的苦难走了。但是，所有的是非恩怨、倾轧打击，并没有随着他的离世立刻消泯在时光之中。从崇宁元年（1102）开始，在宰相蔡京的唆使下，宋徽宗下诏，将元祐、元符间的司马光、文彦博、苏轼等三百零九人列为奸党，由蔡京书写其名，刻石颁布天下，这就是元祐党籍碑。显然，这是想把元祐党人赶尽杀绝，永远地刻在历史的耻辱柱上。

严格说来，新党、旧党，苏轼哪一派都不是。他有自己的立场，他不光反对新党，也反对旧党，所以他既不容于新党，也不容于旧党。无论哪一派当政，他最终的结果都是被贬。但是，在元祐党籍碑中，苏轼又是必不可少的，名列"待制以上官"第一位。苏轼的文名太盛了，他的影响太大了，所以在这次"清剿"中，尽管他已经去世了，但对他的打击仍是剧烈的，朝廷几度下令，凡是苏轼书写的碑碣匾额一律销毁，凡是苏轼的诗文刻版一律销毁，无一幸免。

崇宁五年（1106）正月，彗星出西方，拖着长长的尾巴，划过整个天空。古人认为这是异象，是上天向人间发出的警告。宋徽宗害怕了，慌忙召集大臣询问，有人便进谏说应毁掉元祐党籍碑。宋徽宗立刻下诏将其毁掉。据说，因担心蔡京反对，这次毁碑是在夜间偷偷进行的。第二天，蔡京上朝时得知此事，咆哮道："石可毁，名不可灭也。"后来的事实证明，还真是遂了蔡京的愿。不过，这名不是耻辱，而是荣誉、是骄傲。随后的一百多年里，这三百零九人的后代，都以碑上有他们先祖的名字而骄傲。

历史证明，宋徽宗对苏轼死后不遗余力的毁灭性打击，最终是徒劳的。宋高宗即位后，追赠苏轼为太师，谥号"文忠"。

苏轼走了，但是他的文章、他的精神、他"此心安处是吾乡"的随缘自适、他"一蓑烟雨任平生"的人生态度，并没有被时光带走，而是随着历史的打磨，历久弥新。"大江东去，浪淘尽、千古风流人物"，这是苏轼写的，也是写给苏轼的。

江湖夜雨十年灯

——黄庭坚诗传

他出生在一个改革的时代，出生之时，庆历新政正进行得如火如荼。

他生活在一个改革的时代，二十五岁时，宋神宗起用王安石，大刀阔斧地进行变法。

正如他的字"鲁直"，孤傲正直的性格，不可避免地使他卷进了一个党争的旋涡。他不愿，他挣扎，却始终走不出这个历史的泥淖。

从宣州到鄂州，从黔州到戎州，最终客死在宜州。他一生历尽沧桑，几多沉浮，虽流落穷荒，却终身自若；他守正不阿，淡泊名利，宠辱不惊，怡然自得。

他诗歌学杜甫，点铁成金，夺胎换骨，化腐朽为神奇，笔势纵横，最终自成一家，与苏轼比肩并称，开创了中国文学史上的"江西诗派"。

他书法学王羲之，浸入其中，出乎其外，融百家之长，以己意营构，信笔挥洒，亦独成一家，与苏轼、米芾、蔡襄并称"宋书四大家"。

"多少长安名利客，机关用尽不如君"，这是他七岁时写的两句诗，却仿佛总结了他的一生。千载之下，那些机关算尽的人，有几人还能为我们所知？可是他，风节行谊，诗书文章，炳耀千古！

他，就是山谷道人黄庭坚。

在江西省的西北部,有两条东北—西南走向的山脉,北面是幕阜山,南面是九岭山。两山之间有大河,名为修水。修水沿两山走向流向东北,至九岭山与庐山的横断处流出山谷,最终东入鄱阳湖。这个有山有水的好地方,名叫修水县,宋时叫分宁县,隶属于江南西路洪州府(今江西南昌)。分宁县西二十里处有个村庄,叫双井村,四周山岭环抱,一条小溪从村前流过。山川钟毓之地,必人才辈出。庆历五年(1045)六月,一代文学宗师、书法大家黄庭坚,就出生在双井村。

黄庭坚,字鲁直,"江西诗派"的开山之祖。他的诗歌学习唐代大诗人杜甫,自成一家,强调无一字无来处,他以诗名与苏轼齐名,并称"苏黄"。他与张耒、晁补之、秦观游学于苏轼门下,合称"苏门四大家"。他的书法也自成一格,与苏轼、米芾、蔡襄并称"宋书四大家"。

黄庭坚的祖籍是婺州金华(今浙江金华)。唐末五代的时候,他的五世祖曾在分宁做知县,因此在这里定居下来,逐渐繁衍广大。他的父亲叫黄庶,是庆历二年(1042)的进士,为人刚正不阿,一生仕宦不显,曾经在康州(今广东德庆)代理知州,积劳成疾,卒于任所。黄庶病逝的时候,黄庭坚才十四岁。

黄庭坚是黄庶的次子,聪颖早慧,五岁就开始诵习"五经",一目数行,过目不忘。他的舅父李公择是当时著名的文人,人品、学问俱佳,曾随意从书架上拿书考他,结果黄庭坚都能正确背诵,李公择惊叹不已,送了他四个字——一日千里,也就是称赞他是千里驹,进步神速。舅家李氏是建昌(今江西永修)望族,黄庭坚小时家境不是很好,多依附舅家。黄庶病逝后,黄庭坚就跟随舅父李公择游学淮南,舅父对他有养育之恩,对他的成长影响很大。

宋代的一些笔记中记载,黄庭坚七岁就能作诗。有一次,黄庶邀请几位好友在家饮酒赋诗，其中一位说，听闻令郎年少聪慧，何不让他也吟一首？黄庭坚当场口占一首《牧童诗》。

牧童诗

骑牛远远过前村，短笛横吹隔陇闻。

多少长安名利客，机关用尽不如君。

诗歌前两句写村野牧童骑牛吹笛，后两句写长安名利客机关算尽。牧童的悠然自得与长安名利客的尔虞我诈、钩心斗角形成对比，一褒一贬，反映了少年黄庭坚的志趣。

流传至今的还有一首据说是黄庭坚八岁时作的诗，是一首送友人参加科举考试的诗。

送人赴举

青衫乌帽芦花鞭，送君归去明主前。

若问旧时黄庭坚，谪在人间今八年。

这首七言绝句写得很有意思。前两句写送别之人，后两句写自己。写送别之人的才能，用"归去明主前"；写自己的才能，用谪在人间已八年。一"归"一"谪"，既有对赴举之人的鼓舞，也有对自己的激励，颇具自傲、自负之意。

嘉祐六年（1061），黄庭坚十七岁，舅父李公择的同年及好友孙觉从京城汴京（今河南开封）回到故乡高邮，黄庭坚趁此机会，前往拜访请教。黄庭坚少孤早立，稳重成熟，孙觉很欣赏他的才学人品，对其劝勉有加，并将自己的女儿许配给他，六年后完婚。

嘉祐八年（1063），黄庭坚以洪州乡试头名的资格前往京师，参加次年春天的礼部省试。结果这一次考试，他名落孙山。治平三年（1065）秋，黄庭坚再赴乡试，仍然拔得头筹，并在次年春天的礼部省试中登进士第，调任汝州叶县尉。这年正月，宋神宗即位。

中第授官后，黄庭坚并没有直接赴任，而是先回了故乡，一直到熙宁元年（1068）九月才到叶县赴任。因为迟到，黄庭坚还受到了责罚。这一时期，他写作了不少诗歌，常常流露出无意仕宦、醉心林泉的想法。

清 明

佳节清明桃李笑，野田荒垄只生愁。

雷惊天地龙蛇蛰，雨足郊原草木柔。

人乞祭余骄妾妇，士甘焚死不公侯。

贤愚千载知谁是，满眼蓬蒿共一丘。

这首诗用了两个典故：一个是齐人乞墦，出自《孟子》；一个是介之推不言禄，出自《左传》。它们都与清明节有关。这首诗由清明扫墓而发，通篇全是对比，最后归结为一抔黄土，颇有看透世间一切的意味，也有对当时境遇的自我安慰。

县尉的主要职责是负责地方治安、收取赋税等，公务繁杂，四处奔波。黄庭坚从小养成孤傲的个性，对此官并没有多大兴趣。但为了养家糊口，他不得不压抑个性，奉命行事，哪还有时间欣赏田园的乐趣？思乡之情、牢骚之意在繁忙的公务之余不断涌现出来，时时流露在诗歌之中。

冲雪宿新寨忽忽不乐

县北县南何日了，又来新寨解征鞍。

山衔斗柄三星没，雪共月明千里寒。

小吏有时须束带，故人颇问不休官。

江南长尽梢云竹，归及春风斩钓竿。

这首七律反映了黄庭坚初入仕途之后的心情。首联写四处奔波，从县南到县北，现在又冒雪来到新寨。颔联写工作辛苦，深夜、雪寒、月明，营造了一种凄寒的意境。颈联写为了养家糊口，压抑个性，送往迎来，不如归去，这里用了东晋陶渊明"岂能为五斗米折腰向乡里小儿"的典故。尾联写怀念故里江南，希望归隐江湖之愿。

在叶县任上，黄庭坚还写了一组七言绝句，名为《杂诗七首》，诗歌中流露出对功名利禄的厌弃、对逍遥自适生活的向往之情。

杂诗七首

其一

此身天地一蘧庐，世事消磨绿鬓疏。

毕竟几人真得鹿，不知终日梦为鱼。

这首绝句流露出的道家处世态度极有可能是黄庭坚意欲从精神上超脱世俗的反映，三、四两句尤为经典，通过两个典故写尽了人生的虚幻。"鹿"与"禄"、"鱼"与"愚"同音，暗指世俗世界的功名利禄与痴心妄想；"毕竟""不知"点出了尘俗众生的生存窘境，可谓入木三分。

熙宁元年，河北各地先后发生旱灾、地震、水灾，灾民流离失所，景况悲惨。黄庭坚一面努力赈灾，一面对朝廷不及时预防、赈济极为不满。当时，王安石变法开始实施，在叶县实施农田水利法，当地不顾实际情况，强行将旱田改为水田，说是利民，其实是害民。因此，黄庭坚对新法有所不满。

熙宁四年（1071），黄庭坚任满解官，因事经过平舆（今河南平舆），平舆隶属并州（今山西太原一带及以东地区），他想起了在并州做小官的同乡好友李子先，赋诗一首。

过平舆怀李子先时在并州

前日幽人佐吏曹，我行堤草认青袍。

心随汝水春波动，兴与并门夜月高。

世上岂无千里马，人中难得九方皋。

酒船鱼网归来是，花落故溪深一篙。

首联写二人都沉沦下僚，一个佐吏曹，一个着青袍。颔联写二人虽处异地，但彼此思念，用了两种意象：一是汝水春波，一是并门夜月。颈联是名句，抒写牢骚，千里马常有，而九方皋难寻，这是说二人不被重用。尾联写归隐，描绘了一幅极具魅力的图画，泛舟江湖，饮酒打鱼，水深一篙，上浮落花，多么自由自在、多么快活啊！既然世无伯乐，何必眷恋于此，不如归去吧！

熙宁五年（1072），黄庭坚参加朝廷组织的四京学官考试，名列优等，被授为北京国子监教授。四京，指的是东京开封府（今河南开封）、西京河南府（今河南洛阳）、南京应天府（今河南商丘）、北京大名府（今河北大名）。比起县尉，学官更适合黄庭坚，更能发挥其所长。黄庭坚在这个职位上三年任满后，因为镇守北京的文彦博赏识他的才华，坚持举荐他再任，所以直到元丰三年（1080），黄庭坚才入京改官。

国子监教授级别不高，生活也清苦，是"冷官"，但颇有闲暇，对钻研学问、写作文章、结交友朋是很有利的。在此期间，除了读书、教书、写书、作文，尚有两件大事，对黄庭坚一生影响颇大：一是再娶，二是与苏轼结交。

之前在叶县期间，妻子孙氏因病去世，这次黄庭坚再娶之女谢氏，是谢景初的女儿。谢景初，字师厚，庆历六年（1045）进士，博学能文，特别擅长诗歌，有唐代杜甫诗歌之风。黄庭坚也是学习杜甫的，因此在诗歌渊源方面，二人志同道合。据说，谢景初给女儿选择佳婿时，正好读到了黄庭坚的诗，感叹说："吾得婿如是足矣！"这才有了一段金玉良缘。可惜的是，谢氏嫁给黄庭坚只五年的时间，就于元丰二年（1079）殁于北京。

熙宁五年十二月，苏轼在杭州通判任上，因为筑堤之事前往湖州。当时的湖州知州是孙觉，也就是黄庭坚的第一任岳父。在孙觉处，苏轼第一次读到黄庭坚的诗歌，赞不绝口。那时，苏轼已经声名远播，孙觉因此请苏轼为女婿扬名。苏轼笑着说："这个人必定如精金美玉一般，就算他不去接触别人，别人也会主动接近他，想不出名都难，哪里还需要我多费口舌呢？看他的文章来揣度他的为人，必定是看轻身外之物、注重自身品德之人啊！"黄庭坚确实个性孤傲，不愿从俗，苏轼是读懂了他的。熙宁十年（1077）正月，苏轼前往徐州赴任，途经济南，当时的齐州知州是黄庭坚的舅父李公择，在李公择处，苏轼再一次见到了黄庭坚更多的诗歌，对其文章、人品了解更多，感触更深。

黄庭坚从岳父、舅父处得知苏轼的称誉后，于元丰元年（1078）二月特意致书苏轼，同时寄去古诗二首，表达谢意，并对其人品、学问、文章深表敬仰，欣然有师事之意。一个敬仰有加，一个虚怀若谷，二人惺惺相惜，彼此酬唱，从此书信不断，北宋文坛的两位大家建立了真挚不渝的友谊。

古诗二首上苏子瞻

其一

江梅有佳实，托根桃李场。

桃李终不言，朝露借恩光。

孤芳忌皎洁，冰雪空自香。

古来和鼎实，此物升庙廊。

岁月坐成晚，烟雨青已黄。

得升桃李盘，以远初见尝。

终然不可口，掷置官道傍。

但使本根在，弃捐果何伤。

这首诗咏江梅，也是咏苏轼，借江梅概括苏轼早期的经历，称誉苏轼的才识、品格。前六句写江梅虽有佳实，得到雨露恩光，但处于桃李场中，为众芳所忌，以此暗喻苏轼见知于人主而见忌于世俗。中间八句写江梅具有庙廊和鼎之资，却与桃李共盘，不能同流，还被抛弃，这是暗喻苏轼大材小用。最后两句说，即使如此，江梅仍保持本性，不改本质，这是说苏轼的高洁品性，是对苏轼的称赞，也是对苏轼的安慰。这首诗句句有出处，却又将典用得令人浑然不觉，很能代表"江西诗派"的风格；句句写江梅，其实句句写苏轼，比喻妥帖自然，深得诗骚之风。

元丰二年，"乌台诗案"发生，苏轼被押解回京。"乌台诗案"牵涉人员众多，凡是与苏轼诗文唱和、书信有所往来者，皆受检查、处罚，黄庭坚因此被罚铜二十斤。第二年春天，黄庭坚进京到吏部改官，据说朝廷原本打算授予他著作佐郎的官职，因为"乌台诗案"，改任吉州太和县（今江西泰和）知县。秋天，黄庭坚携家三十余口，从汴京出发，一路游山访友，于元丰四年（1081）春到达任所。

途经高邮时，黄庭坚特地前往拜访了秦观。秦观，字少游，与黄庭坚岳父孙觉是同乡，二人来往频繁。黄庭坚、秦观彼此倾慕已久，此番相见，二人互赠诗文，其乐融融。黄庭坚还特意为秦观书写两篇记文《游龙井记》《雪斋记》，这两篇记文是秦观游览杭州寺院时应僧人所邀而写，后来他将黄庭坚的两幅书法寄给钱塘寺庙，寺僧将其刻石。

途经贵池（今安徽池州）池口镇时，天不作美，狂风暴雨，长江之中舟船难行，黄庭坚只好在池口滞留三天，有诗记之。

池口风雨留三日

孤城三日风吹雨，小市人家只菜蔬。

水远山长双属玉，身闲心苦一春锄。

翁从旁舍来收网，我适临渊不羡鱼。

俯仰之间已陈迹，暮窗归了读残书。

这首七律随口道来，即景写意，表达了不慕荣利、读书自娱的人生态度，悠闲旷达中也流露出苦闷之情。首联写小镇连日风雨，人们只能居家避雨，素菜淡饭聊以充饥。颔联写鸟，"春锄"是指鸟啄食的动作，鸟飞翔于迤逦的山川、浩浩的江水之上，看似悠闲自得，内心却有苦楚，这明显是"以我感物"，鸟是黄庭坚的化身。颈联写临渊而不羡鱼，是说自己与世无争的恬淡。尾联似得道之言，别无他愿，唯有暮窗读书而已，透露出的是对超脱名利、自由自在生活的渴望。

途经舒州（今安徽安庆）的皖溪口时，黄庭坚与舅父李公择不期而遇，舅甥情深，数年不见，今日相遇，惊喜有加。二人相聚达十日之久，舟中畅谈，对榻夜语，深夜不息。

舒州怀宁县（今安徽潜山）有三祖山，山上有寺，名山谷寺。距离山谷寺不远，有山洞如伏牛，名为石牛洞，洞旁有溪水，名为石牛溪。此地重峦叠嶂，谷深溪幽。黄庭坚出仕以来，对官场的喧闹、污秽多有厌倦，见此山林洞溪美景，流连不已，因此自号"山谷道人"，后人尊称黄庭坚为"黄山谷"，就是从这里来的。

从学官到知县是升迁，比起"冷官"国子监教授而言，手中的实权是有了，但黄庭坚并没有多少欣喜，内心深处全是摆脱官场束缚、归隐田园的念头。刚到任所，他就写了《到官归志浩然二绝句》。

到官归志浩然二绝句

其一

雨洗风吹桃李净，松声聒尽鸟惊春。

满船明月从此去，本是江湖寂寞人。

其二

乌乌未觉常先晓，笋蕨登盘始见春。

敛手还他能者作，从来刀笔不如人。

虽然黄庭坚自小就心存鄙薄名利、喜爱园田之志，但古之文人要实现治国平天下的理想，还得走仕宦一途。黄庭坚自称是有治国能力的人，为什么有了机会却袖手旁观，说"刀笔不如人"，想"满船明月从此去"呢？很明显，他是有所不满的。这种不满主要来自新法，虽然王安石变法对朝廷财政的改善、国防力量的加强都发挥了重要作用，但有些制度也的确给底层百姓带来了巨大痛苦。一方面，作为朝廷任命的官员、地方的一把手，黄庭坚不得不执行这些新法；另一方面，他目睹了新法给底层百姓带来的苦难，对其充满深切同情却难以改变。这种矛盾复杂的心态使黄庭坚不得不产生归隐的念头。

这年秋天，苏轼的弟弟苏辙以罪谪监筠州（治今江西高安）盐酒税。筠州、吉州都属江南西路，相隔不远。黄庭坚、苏辙互通书信，唱和诗歌，《次元明韵寄子由》是其中一首。

次元明韵寄子由

半世交亲随逝水，几人图画入凌烟？

春风春雨花经眼，江北江南水拍天。

欲解铜章行问道，定知石友许忘年。

脊令各有思归恨，日月相催雪满颠。

"元明"是黄庭坚兄长黄大临的字，黄大临有《寄子由诗》，其中有"钟鼎功名淹管库，朝廷翰墨写风烟"之句，黄庭坚就步这首诗的韵写诗寄给苏辙。首联感叹时光流逝，亲交离世，功业未成；颔联写景，语出天然，于优美的意境中饱含无限情意，春风春雨，花开花落，江南江北，水烟茫茫；颈联写与苏辙的金石之交；尾联写兄弟之思，苏辙思念苏轼，我思念兄长黄大临，都欲归不得，而时光不待，转眼白发。

太和县城东门上有楼阁，名为快阁，始建于唐乾符元年（874），最初叫慈氏阁，是奉祀观世音的场所。宋初太常博士沈遵任太和县令期间，政通人和，百姓安居乐业，他常登阁远眺，心旷神怡，于是改名快阁。元丰五年（1082），黄庭坚登临快阁，写下了一首著名的七言律诗。

登快阁

痴儿了却公家事，快阁东西倚晚晴。

落木千山天远大，澄江一道月分明。

朱弦已为佳人绝，青眼聊因美酒横。

万里归船弄长笛，此心吾与白鸥盟。

这首诗首联写处理完烦琐的公务，傍晚时候终于有点空闲，恰好雨后初晴，因此登临快阁，倚栏晚眺，放飞心情。颔联写登临快阁的所见所感，阔大明朗之景，是视觉上的透彻、心理上的痛快，其实也是诗人宽广胸襟、豁达气度的体现。颈联连用两个典故，一个是俞伯牙、钟子期的故事，一个是阮籍青白眼的故事，表达的是知音难觅、伯乐难寻的人生感慨。尾联归结为乘舟、弄笛、鸥盟，流露出超尘出世的情绪，这既是诗人的理想，也表达了他对现实社会的厌弃。

元丰六年（1083）年底，黄庭坚任满解官，移监德州德平镇（今山东临邑德平镇）。赴任途中路过颍昌（今河南许昌）时，黄庭坚与陈师道相遇，互有赠诗。陈师道，字无己，在遇到黄庭坚之前，他的诗歌已颇有名声，这次有机会读到黄庭坚的诗，他爱不释手，从此把以前所学统统抛弃，拜师黄庭坚。二人互相钦佩对方的诗文学问，成就了文坛一段佳话。

赠陈师道

陈侯学诗如学道，又似秋虫噫寒草。

日晏肠鸣不俯眉，得意古人便忘老。

君不见向来河伯负两河，观海乃知身一蠡。

旅床争席方归去，秋水黏天不自多。

春风吹园动花鸟，霜月入户寒皎皎。

十度欲言九度休，万人丛中一人晓。

贫无置锥人所怜，穷到无锥不属天。

呻吟成声可管弦，能与不能安足言。

这首诗大约是此次会晤时黄庭坚的赠诗，虽初次见面，但一见如故，黄庭坚准确地把握了陈师道的诗歌、为人，给新认识的"老朋友"画了一幅速写。诗歌开篇说陈师道学诗如学道，平时苦修，一旦顿悟，则脱胎换骨。继之写陈师道诗中多愁苦之音，现实中也不免饥寒之苦，但陈师道专心诗艺，安贫乐道。其实，陈师道出身官宦世家，但他无意仕进，只因不屑于王安石的新学，"十度欲言九度休"就点出了这种不屑之情，但当时他只能欲说还休，而最能理解他的这"一人"，黄庭坚认为正是他自己。他们之所以能够一见如故，从这首诗中也是可以理解的了。

当时的德州通判是赵挺之。赵挺之，字正夫，是金石学家赵明诚的父亲，赵明诚的妻子则是宋代大名鼎鼎的女词人李清照。最初，黄庭坚在诗歌中对赵挺之有所称颂，有相见恨晚之意，不过，随着交往增加，二人在政见上的分歧日渐明显，乃至不可调和。赵挺之意欲在德平镇推行市易法，黄庭坚则坚决反对，双方公文来往多次，士人传为笑谈。这一分歧为此后二人不和埋下了种子。

黄庭坚有好友黄介，字几复，南昌人，因为都姓黄，黄庭坚称其为同宗。二人从年少时结识，交情很深。黄几复在岭南地区做地方官多年，与黄庭坚一直书信来往，联系不断。此时黄几复在四会，黄庭坚在德州，南北遥隔。黄庭坚遥想友人，写诗寄情，这就是那首广为传诵的《寄黄几复》。

寄黄几复

我居北海君南海，寄雁传书谢不能。

桃李春风一杯酒，江湖夜雨十年灯。

持家但有四立壁，治病不蕲三折肱。

想得读书头已白，隔溪猿哭瘴溪藤。

这首诗写于元丰八年（1085）春。首联用《左传》"君处北海，寡人处南海，唯是风马牛不相及也"的典故，写二人南北暌隔，联系不便，鸿雁传书也实现不了，因为"衡阳雁去无留意"。颔联是千古名句，全用名词排列，营造了一种耐人寻味的意境，这一联上句写京城相聚之欢，下句写十年分别之苦，是以一日之欢反衬十年之苦，欢日甚短，苦日极多。自己之苦，是思念友人之苦；黄几复之苦，不仅是思念友人之苦，还有远离家乡之苦、不被重用之苦、居地艰难之苦、孤独无依之苦。后两联从持家、治病、读书三个方面，写黄几复的为人和处境，尤其是尾联一片悲凉，不平之鸣与怜才之意都包含其中。黄庭坚这首诗是写给黄几复的，其中何尝没有自己的影子。同声相求，乃成挚友；同病相怜，体验真切，故能成千古名诗。

这年三月，宋神宗驾崩，宋哲宗继位，因为年幼，由祖母高太后临朝听政。高太后起用司马光等人，恢复旧法，历史上称这次政局、制度的变化为"元祐更化"。熙丰年间被外放贬谪的人员苏轼、苏辙、孙觉等人被陆续召回朝廷，委以重任。黄庭坚也接到朝廷诏令，改任秘书省校书郎。

元祐元年（1086）三月，由司马光推荐，黄庭坚与范祖禹等人共同校定《资治通鉴》。十月，黄庭坚任神宗实录院检讨官，编纂宋神宗一朝的历史；次年，任著作佐郎，加集贤校理。

四月，朝廷下诏，让各执政大臣举荐馆臣，在学士院举行选拔考试，由苏轼任主考官，黄庭坚、张舜民、张耒、晁补之、孔平仲等人皆入选。馆阁之职一向被视为文臣的殊荣，而这一批馆臣尤为出类拔萃，黄庭坚、张耒、晁补之更是其中的翘楚，他们共同奉苏轼为文坛宗主，三人加上即将回朝的秦观，为"苏门四学士"。"苏门四学士"加上客游京师的陈师道、李廌，合称为"苏门六君子"。历史让这一批文人齐聚京师，挥毫泼墨，诗文唱和，谈文论艺，创造了北宋文学、文化史上的一个黄金时代。

元祐时期，黄庭坚的诗文名气越来越大，远远超过苏门其他文人，足以与苏轼比肩，后人合称"苏黄"。苏轼对黄庭坚评价甚高，说"瑰玮之文，妙绝当世""孝友之行，追配古人"。苏、黄二人朝夕相伴，交往频繁，讲道论艺、品画题跋，相互唱和的诗词有百首之多。

这个时期，朝廷的党争更加复杂激烈，除原有的新旧党争之外，旧党内部也分裂为三个不同的阵营：以刘挚为首的朔党，以苏轼、苏辙兄弟为首的蜀党，以程颐等人为首的洛党。旧党对变法派以其人之道还治其人之身，甚至变本加厉，由此形成恶性循环。在这个问题上，黄庭坚坚决反对党争，对王安石的学问、人品、新法等都采取了较为客观、务实、公允的态度，在这一点上，他与苏轼的观点相当接近。然而，正是由于这种客观务实，他招致了新旧两党的交相攻击，在仕途上也屡遭打压。

　　元祐二年（1087），苏轼举荐黄庭坚代替他出任翰林学士，监察御史赵挺之上书弹劾，说苏轼热衷聚集轻薄无行之徒在门下，其中黄庭坚的罪恶尤大，此事因此不果。元祐三年（1088），朝廷除黄庭坚著作郎时，赵挺之又上书诋毁黄庭坚，说其在德州时"恣行淫秽，无所顾惮"，朝廷因此取消了任命。元祐六年（1091），《神宗实录》编纂完成，按照旧例，撰写人员各升一官，黄庭坚应该晋升为起居舍人，但诏命却被中书舍人韩川驳回，说其轻浮邪秽、素无士行。这些罪名都是无稽之谈，但当权者总是在政局中寻找平衡，黄庭坚因此仍任著作佐郎。

　　虽然元祐年间是苏、黄等人仕途的黄金时期，但持续不断的剧烈党争也让他们越来越难以在朝立足，所以产生归隐之心及请求外任既是迫不得已又是相当自然的事情。元祐四年（1089），苏轼不堪党争，自请外任，出知杭州。黄庭坚身边没有了榜样、至交，也深切地感受到不容于时、不容于朝、不容于人的痛苦，时有归隐之心。

寺斋睡起二首

其一

小黠大痴螳捕蝉，有余不足夔怜蚿。

退食归来北窗梦，一江风月趁鱼船。

其二

桃李无言一再风，黄鹂惟见绿匆匆。

人言九事八为律，傥有江船吾欲东。

　　这两首诗是黄庭坚在汴京寓所睡起所作，貌似对日常生活的随意记录，其实反映了当时官场政局的倾轧及他的归去之意。第一首前两句用了《庄子》中的螳螂捕蝉、夔怜蚿的寓言，说明小黠大痴、有余不足都是相对的、暂时的。螳螂捕蝉，岂知有雀在后；一只足的夔羡慕百足之蚿，谁知蚿还羡慕无足的蛇呢？后两句写梦中泛舟，乘着一江风月，渐渐远去，归隐之意自显。第二首表达的意思更为明显，"桃李无言"用了《史记·李将军列传》中"桃李不言，下自成蹊"的典故，此指苏轼、黄庭坚等贤能，而"一再风""人言"则是指台谏的持续不断的诬陷与恶意中伤，最后一句是说在寻找机会远离朝廷，归隐江湖。

戏呈孔毅父

管城子无食肉相，孔方兄有绝交书。

文章功用不经世，何异丝窠缀露珠。

校书著作频诏除，犹能上车问何如。

忽忆僧床同野饭，梦随秋雁到东湖。

　　孔平仲，字毅父，临江新淦（今江西新干）人，当时任秘书丞、集贤校理。黄庭坚与他是同乡，又是同事，关系亲近，所以写诗赠之。题为"戏呈"，实际上是以自嘲、游戏的形式抒发心曲的。前两句写自己贫、贱，"管城子"指毛笔，"孔方兄"指钱，这是以戏谑的口吻说靠笔墨营生既不能拜相封侯，也不能发财致富。次两句说自己的文章不能经世，就像蛛网上的露珠。接下来两句说自己的官职先是校书郎，再是著作佐郎，诏书一道又一道，最终还是著作佐郎，幸好这些职位不需要什么学问，会向别人问问身体如何就能胜任了。这里用了《颜氏家训·勉学》中的典故，齐梁以来，秘书郎大都无真才实学，当时谚语有"上车不落则著作，体中何如即秘书"。中间这四句显然是正话反说，内心之中是有牢骚的，所以最后两句回忆二人以前在家乡的游历，有归隐之意。

元祐五年（1090），黄庭坚舅父李公择、岳父孙觉先后去世，第二年，母亲李氏去世。黄庭坚悲痛异常，扶柩回乡守丧，暂时离开了京城这个是非之地。元祐八年（1093），服丧期满，朝廷授黄庭坚国史院编修官，他立即上书辞免。

九月，高太后驾崩，宋哲宗亲政。宋哲宗少年老成，对高太后迟迟不还政早就心怀不满，对朝廷大臣只向高太后奏事也心怀怨恨。这注定了他亲政之后，朝廷必然面临新一轮的清算，事实正是如此。次年四月，宋哲宗改元绍圣，意为继承宋神宗的制度，召回被外放的神宗朝重要人物章惇，起用为左仆射。新党被贬外放者纷纷被召回，元祐旧臣被一一清算。此时之斗争，虽分派别，其实已无关政见分歧，纯粹沦为党派之间的打击报复了。

新党在高举"绍圣"的旗帜下，找到了一个看似绝佳的攻击点，那就是对变法持不同意见的元祐旧臣编纂的《神宗实录》。他们将《神宗实录》定性为"谤书"，说其诋毁先帝，诬蔑旧臣，必须重修，所有参与编纂《神宗实录》的人都必须一一接受审查，黄庭坚当然也不能幸免。黄庭坚是在前往宣州（今安徽宣城）赴任的路途中接到朝廷审查命令的，先是改知鄂州（今湖北武昌），不久又被任命为管勾亳州明道宫，这其实是罢免了黄庭坚的一切官职，只给了一个祠禄官，并责令在开封府境内居住，以便随时听候国史院的传讯、审问。

七月初，黄庭坚与苏轼相遇于彭蠡湖（今江西鄱阳湖）。这时新党已经对苏轼进行了初步的清算，苏轼以"讥刺先朝"的罪名被贬往英州（今广东英德），途中又改贬惠州。二位文坛巨匠、平生知己在此相见，不免唏嘘。二人相聚三日，挥泪分别，此后再无相见。十一月，黄庭坚到达开封府境内陈留（今开封祥符区陈留镇），寄居在净土院一个停放灵柩的房间内，他自书其室曰"寂住阁"，有诗记之。

寂住阁

庄周梦为胡蝶，胡蝶不知庄周。

当处出生随意，急流水上不流。

这首六言诗前两句用了《庄子》中庄周梦蝶的寓言，后两句用了佛经中的典故，体现了黄庭坚达观豪迈而又不随波逐流的人生态度。

为了罗织罪名，翰林学士蔡卞等人煞费苦心，从《神宗实录》中摘出千余则材料，后经过核查后，只剩下三十二则材料，都是细枝末节的琐碎之事。在审查过程中，黄庭坚始终从容镇定，有一说一，坚持己见，直言以对。不过，朝廷最终还是以"附会奸言，诋毁熙宁以来政事"的罪名，贬其为涪州（今重庆涪陵区）别驾，黔州（今重庆彭水）安置。贬谪自在意料之中，黄庭坚神色自若，心境坦然，倒头大睡。正是凭着这种随遇而安的心态，直面现实、无所畏惧的精神，黄庭坚在贬谪中度过了余生。

绍圣二年（1095）正月，在长兄黄大临的陪同下，黄庭坚从陈留启程，前往贬所。途经三峡时，他写下了《竹枝词二首》。

竹枝词二首

其一

撑崖拄谷蝮蛇愁，入箐攀天猿掉头。

鬼门关外莫言远，五十三驿是皇州。

其二

浮云一百八盘萦，落日四十八渡明。

鬼门关外莫言远，四海一家皆弟兄。

鬼门关在奉节东北，有人在关头题字曰："自此以往更不理会在生日月。"意思是说，过了此地生还的希望十分渺茫。黄大临看到题字后怅然不悦，恐怕一语成谶，黄庭坚却哈哈大笑，不以为意。这两首诗前两句都是以途中所历写行路之难，第三句都一样，第四句一是说过了此地的五十三座驿站都还是我们的疆域，一是说过去此地后的人们依然是弟兄，表达的是相同的意思，都体现了黄庭坚超脱豁达的胸襟，也隐含有对贬谪的蔑视与不满。

四月二十三日，黄庭坚到达黔州，寓居在开元寺摩围阁。黄大临不忍遽别，又在此淹留了接近两个月，直到六月十二日才离开黔州。黄庭坚此行未带家眷，秋天，他的二弟黄叔达（字知命）携黄庭坚妻、子及自己家小从芜湖启程，历尽坎坷，在绍圣三年（1096）五月抵达黔州，一家人终于团聚。

谒金门·示知命弟

山又水，行尽吴头楚尾。兄弟灯前家万里，相看如梦寐。

君似成蹊桃李，入我草堂松桂。莫厌岁寒无气味，余生吾已矣。

这首词作于兄弟团聚之时。上片写兄弟见面时的惊喜，家人一路跋山涉水，在离家万里之外的黔州相聚，秉烛夜坐，恍然似梦。下片写二人夜谈，其中以松桂自喻，隐含自许与不平。面对自己的同胞兄弟，黄庭坚敞开心扉，把满腹的悲愤、不平、心酸倾吐出来，流露出深深的悲观情绪。此诗宋本题目作"戏赠知命"，或许更符合当时写作的实际，此一时之悲观，不过愤激之戏言。

感叹自感叹，悲观自悲观，感叹、悲观之后，还得生活，还得朝前看。贬谪以来，俸禄微薄，生计艰难，黄庭坚亲自建房、买地、种菜，勉强维持一家数口的温饱。他苦中作乐，自称"黔中老农"，又自号"涪翁"。

尽管黄庭坚是以戴罪之身于黔州安置，但当地的官吏并没有落井下石，而是很敬重他，力所能及地为其提供方便。得意之时人群附，落难之时人下石，人性之恶大多如此。当地官吏与士人能以敬重之心待他，十分难得，也给予了黄庭坚几分安慰。

定风波·次高左藏使君韵

万里黔中一漏天，屋居终日似乘船。及至重阳天也霁，催醉，鬼门关外蜀江前。

莫笑老翁犹气岸，君看，几人黄菊上华颠？戏马台南追两谢，驰射，风流犹拍古人肩。

"高左藏使君"，指的是黔州知州高羽，这首词写于绍圣四年（1097）的重阳节，可能是重阳宴饮时次知州高羽的诗韵所写。上片写久雨天晴，适逢重阳，登高痛饮。先写秋雨连绵，用了两个比喻，天空如漏，地上乘船，起句郁闷低沉。接着写天晴，"及至""也"两个虚词，吟咏出不期而至的惊喜，由此引出登高饮酒之事。下片写赏菊、骑马、射箭，都是重阳节的风俗，写得豪气干云，老当益壮，气概直追东晋风流人物。这首词大气磅礴，毫无恶劣环境下、颠沛流离中的悲苦，反而充满了奋发乐观的精神。

一日，黄庭坚的外甥洪刍（字驹父）托人送来书信问候，黄庭坚在《答洪驹父书》中对外甥谆谆教导，谈到了自己对文学创作的一些看法："自作语最难，老杜作诗，退之作文，无一字无来处，盖后人读书少，故谓韩、杜自作此语耳。古之能为文章者，真能陶冶万物，虽取古人之陈言入于翰墨，如灵丹一粒，点铁成金也。"这段文字中，关键之词句是"无一字无来处""点铁成金"，这是黄庭坚对前人创作经验的总结与开拓，也是自己创作实践的体会与提升，这两点成为"江西诗派"的诗学理论纲领。

这年年底，黄庭坚的姨表兄张向提举夔州路常平，因为黔州属夔州路管辖，为了避嫌，他向朝廷启奏迁移黄庭坚。此举正中朝廷某些人的下怀，黄庭坚被调遣至更为偏远的戎州（今四川宜宾）安置。元符元年（1098）六月，黄庭坚抵达戎州，寓居南寺无等院，名其居室为"槁木寮""死灰庵"。这是用《庄子·齐物论》中的词语命名的，表达了心如槁木、面如死灰，看穿世间一切，生死荣辱一概置之度外的意思。第二年春天，他在城南亲自建了一处居室，起名为"任运堂"，还是庄子委运任化、顺其自然的意思。

转眼又是一年重阳佳节，有位眉山的隐士参加了重阳宴集。这位隐士叫史铸，字应之。他不拘礼法，好作鄙俗之语，甘居山野，不求功名，人以屠僧目之。席间，黄庭坚赋《鹧鸪天》一首，史应之和之，黄庭坚又依前韵再赋一首即席答之。

鹧鸪天

坐中有眉山隐客史应之，和前韵，即席答之。

黄菊枝头生晓寒，人生莫放酒杯干。风前横笛斜吹雨，醉里簪花倒着冠。

身健在，且加餐，舞裙歌板尽清欢。黄花白发相牵挽，付与时人冷眼看。

这首词既是写狂士史应之，也是借史应之宣泄词人心中的愤懑。上片是劝酒之词，劝别人，也是劝自己。只有沉浸在酒中，才能找到安慰；只有酩酊大醉、放浪形骸，才能感受到片刻的欢愉。下片写人生得意须尽欢，哪管世俗冷眼看，这是对世俗的不屑与挑战。这首词流露出黄庭坚不与世俗同流的高洁情操。

元符三年（1100），宋哲宗驾崩。这位年轻的皇帝亲政仅六年，没有留下子嗣，他的弟弟赵佶即位，即宋徽宗。即位之初，政权尚掌握于向太后之手，向太后是倾向于旧党的；而且宋徽宗为了标榜自己"大公至正"，立志要消弭党争，使国家稳定。在这样的政局下，一些元祐旧臣被陆续起用、内迁，去世的也追复原职。从五月起，黄庭坚的一些官职、级别、待遇都得到了恢复，他被任命为监鄂州在城盐税、签书宁国军（今安徽宣城）节度判官、舒州知州。对于朝廷政局的变化，黄庭坚自然是高兴的。但是，经历了从熙丰到元祐再到绍圣朝廷政局的反复、倾轧，他对朝廷给他的一系列任命看得很淡，有生之年还能够从偏远之地放还，已经很满足了，所以他果断上书推辞了。

这年三月，弟弟黄叔达携妇将雏离开戎州返乡，黄庭坚有诗赠别。

赠知命弟离戎州

道人终岁学陶朱，西子同舟泛五湖。

船窗卧读书万卷，还有新诗来起予。

黄叔达放浪不羁，终生未仕。他自绍圣三年追随黄庭坚来黔州、戎州，常来往于成都等地。这首诗是写弟弟喜欢游历的个性的。谁料与弟弟此番一别，竟成永诀，黄叔达七月行至荆州时病逝。四个月后，黄庭坚才得知弟弟病逝的消息，悲痛欲绝。

黄庭坚接到朝廷放还的命令时，已经是夏天。夏天长江水涨，道路不通，所以一直到十二月，他才从戎州出发东归。虽为罪臣，但黄庭坚与当地民众相处和谐，结下了真挚的友谊。得知黄庭坚放还的消息后，民众陆陆续续前来道别，从夏天一直持续到寒冬。出发那天，天气寒冷，仍有不少人赶到江边，依依惜别。

建中靖国元年（1101）四月，黄庭坚行至湖北江陵时，接到了吏部札子，改任吏部员外郎，并令改乘驿站车马赴京。因为身体多病，前不久又患痔疮，尚未痊愈，加之丧弟之痛，黄庭坚没有赴阙，上书《辞免恩命状》，请求朝廷在太平州（今安徽当涂）或无为军（今安徽无为）给个小官，未获准，黄庭坚再次上书请辞。

江陵有承天寺，当年黄庭坚贬往黔州时途经此地，曾借住在寺庙之中。寺庙住持智珠当时正欲建一佛塔，与黄庭坚相约，建成之后，请黄庭坚撰写记文。如今黄庭坚再经此地，七层佛塔已经建成。他履行前约，欣然撰写了《江陵府承天禅院塔记》，其中有"观天下财力屈竭之端，国家无大军旅勤民丁赋之政，则蝗旱水溢，或疾疫连数十州。此盖生人之共业，盈虚有数，非人力所能胜者耶"几句。这本来是感叹自然灾害非人力所能战胜的一种客观情况，谁能料到，这篇貌似应景的文章，又种下了祸根，直接决定了黄庭坚余生的命运。当然，欲加之罪，何患无辞！即使没有此文，也会有人炮制出新的证据来。

这年初秋，黄庭坚身上痈疽基本痊愈，他拄着拐杖来到荆江亭，见江天寥廓，一时心潮澎湃，写下了一组七绝。

病起荆江亭即事十首

其一

翰墨场中老伏波，菩提坊里病维摩。

近人积水无鸥鹭，时有归牛浮鼻过。

其八

闭门觅句陈无己，对客挥毫秦少游。

正字不知温饱未，西风吹泪古藤州。

这组诗中第一首写的是自己。"伏波"指的是汉代伏波将军马援，马援六十二岁时还自请出征，说"常恐不得死国事，今获所愿，甘心瞑目"。这一句是说自己是个文坛老手，有能力也希望报效国家。佛经中的维摩诘是个有才能的人，然此时病于菩提坊。这句是说，有心效国，然身体不许。后两句写景，有水、有牛，但没有鸥鹭，言外之意是这里不是合适的隐居之地，现在也不是隐居的时候。第八首写好友陈师道与秦观。陈师道于去年除秘书省正字，秦观去年从雷州放还途中病卒。诗中对二人的性格、诗风概括得相当准确，而他们的处境，一个沉沦下僚，温饱难说，一个客死他乡。这不只是他们二人的遭遇，也是那时一大批文人的遭遇。

黄庭坚有好友王充道，当时正在荆州为官，他给黄庭坚送去五十枝水仙花，黄庭坚喜欢得不得了，将其比喻为曹植梦遇的洛水女神，写了一首咏物诗。

王充道送水仙花五十枝欣然会心为之作咏

凌波仙子生尘袜，水上轻盈步微月。

是谁招此断肠魂，种作寒花寄愁绝。

含香体素欲倾城，山矾是弟梅是兄。

坐对真成被花恼，出门一笑大江横。

这首诗首联写凌波仙子出尘脱俗的仙姿；颔联写仙子化作水仙花；颈联写水仙花香色倾城，品类高雅；尾联写因爱花而恼花，想出门散心，又见大江横前，不禁大笑释然。这首诗在框架上借用了《洛神赋》的结构，由现实入梦，由梦而现实。诗人爱花，沉溺其中，如入梦境，与凌波仙子相会，最后一句由梦境回归现实，写得豪放洒脱，自有一种参差错落之美。将闲情与豪情两种迥异的风格融为一体，不愧为黄庭坚的境界。

崇宁元年（1102），朝廷政局又一次发生变动。宋徽宗接受曾布"绍述"之说，变法改元，七月拜蔡京为相，开始了又一次的政治清算，立元祐党籍碑于端礼门。蔡京罗列的元祐党人三百零九人，其中还包括一些新党人士，这明显就是借机打击报复。

这年正月，黄庭坚从荆州出发，准备回故乡分宁看看。途经岳州（今湖南岳阳）时，他冒雨独上岳阳楼，写下了《雨中登岳阳楼望君山二首》。

雨中登岳阳楼望君山二首

其一

投荒万死鬓毛班，生出瞿塘滟滪关。

未到江南先一笑，岳阳楼上对君山。

其二

满川风雨独凭栏，绾结湘娥十二鬟。

可惜不当湖水面，银山堆里看青山。

岳阳楼是唐人张说遭贬岳州时所建。庆历年间，滕宗谅（字子京）重修岳阳楼，应其之邀，范仲淹根据岳阳楼的图画，写作了名传千古的《岳阳楼记》，从此岳阳楼更加知名，文人骚客多会于此。"君山"，洞庭湖中的一座小岛。第一首写"笑"，笑从何来？从"万死"之地，以衰朽之年，竟然能生还故乡，还能登上岳阳楼眺望君山，真是人生之大幸，故有"一笑"。第二首写烟雨中的君山，"满川风雨独凭栏"既是写实，又是写虚。雨中登楼，满眼自是风雨交加，浊浪滔滔，而自己所面对的，又岂只洞庭湖上的风雨，还有这些年经历的政坛上的风风雨雨。第一首以静写动，静静地站在岳阳楼上，内心却不平静；第二首以动写静，在湖风扑面、白浪掀天的波心浪峰上，十二峰影影绰绰，君山清雄奇峭，诗人的内心也平静了下来。这组诗是黄庭坚晚年少有的清新快意之作。

黄庭坚在故乡逗留不久，即前往萍乡看望兄长黄大临。兄弟二人相聚半月后，黄庭坚前往江州（今江西九江）与家人相会。新喻道中，他赋诗一首，寄给兄长。

新喻道中寄元明用觞字韵

中年畏病不举酒，孤负东来数百觞。

唤客煎茶山店远，看人获稻午风凉。

但知家里俱无恙，不用书来细作行。

一百八盘携手上，至今犹梦绕羊肠。

这首诗如话家常，朴实老成。首联写兄弟萍乡宴饮。颔联写诗人道中之景况。颈联写家书报平安，不必多言，情真意切。尾联写兄长陪同自己远赴黔州，友爱甚笃。过去几年之中，黄庭坚的弟弟、妹妹、侄子先后病逝，自己也是九死一生，还有什么比平安无恙更重要呢！

六月，黄庭坚受命知太平州，在任仅九天即被罢。这貌似笑谈，其实也没有什么好奇怪的，在宋代这种连绵不断的党争中，还没到任即被罢官的也不是没有。罢官后的黄庭坚沿长江西上，于九月到达鄂州，鄂州的地方官对其礼遇有加，他在此逗留了差不多一年的时间。

在这段时间里，黄庭坚留下不少诗篇。之前途经当涂时，贺铸曾前往拜访。贺铸，字方回，是北宋著名词人，与黄庭坚、秦观交好，写有"试问闲愁都几许？一川烟草，满城风絮，梅子黄时雨"的千古伤春名句。当涂分手之后，黄庭坚怀念友人，写诗寄贺铸。

寄贺方回

少游醉卧古藤下，谁与愁眉唱一杯。

解作江南断肠句，只今唯有贺方回。

这首诗是写给贺铸的，却从秦观写起。作为"苏门四学士"之一，秦观与黄庭坚一样，经历朝廷的历次党争之祸，后卒于藤州（今广西藤县）。他曾于梦中作《好事近》词，其中有"醉卧古藤阴下，了不知南北"，谁知竟一语成谶。这首诗说秦观殁后，能够写出肠断诗句的，当今只有贺铸了，这既是赞美贺铸，也寄托了对秦观的怀思，体现了三个朋友之间的深情厚谊。

鄂州城有南楼，东晋征西将军庾亮曾登此楼赏览风景，传为美谈。黄庭坚到鄂州后，曾两登此楼。崇宁二年（1103）六月再次登临时，他写下一组诗，名为《鄂州南楼书事四首》。

鄂州南楼书事四首

其一

四顾山光接水光，凭栏十里芰荷香。

清风明月无人管，并作南楼一味凉。

这首诗前两句写登楼所见，境界阔大。月光下山水相接，十里荷花随清风吹来阵阵荷香。后两句写清风明月无拘无束，自由地倾洒，自在地吹拂，想到自己动辄得咎，不由得对自然之景心生羡慕，所幸，清风与明月在酷热的季节，给人带来清凉。清凉，既是现实的真实感觉，也指佛教中人摆脱世间一切烦恼的境界，心静自然凉。南楼之上，江上之清风、山间之明月与诗人融为一体，物我两忘，逍遥自适。

黄庭坚那首著名的七言古诗《武昌松风阁》也是写于这个时期。松风阁在西山九曲岭上西山寺中，依山临壑，山中古木参天，纷然罗列，松风声声入耳，足以消除世俗各种杂念，让人心灵洞彻空明。

武昌松风阁

依山筑阁见平川，夜阑箕斗插屋椽。我来名之意适然。

  老松魁梧数百年，斧斤所赦今参天。

  风鸣娲皇五十弦，洗耳不须菩萨泉。

  嘉二三子甚好贤，力贫买酒醉此筵。

  夜雨鸣廊到晓悬，相看不归卧僧毡。

  泉枯石燥复潺湲，山川光辉为我妍。

  野僧早饥不能馔，晓见寒溪有炊烟。

  东坡道人已沉泉，张侯何时到眼前。

  钓台惊涛可昼眠，怡亭看篆蛟龙缠。

  安得此身脱拘挛，舟载诸友长周旋。

这是一首句句押韵、一韵到底的古诗，可分三段。前七句为第一段，写松风阁名称的由来。中间八句为第二段，写松风阁从夜晚到黎明的景象，一夜雨后，山泉潺潺，拂晓之际，炊烟袅袅。后六句为第三段，直接抒情议论：先写苏轼与张耒，黄州与鄂州只有一江之遥，苏轼曾被贬黄州四五年，此时已去世；张耒在新一轮的政治清算中被责授房州（今湖北房县）别驾，黄州安置。逝者已逝，贬者未至，心事向谁诉说？再写钓台与怡亭，这两处都是长江上的胜地，三国时期的孙权曾畅饮于钓台，怡亭上则有唐代书法家李阳冰的篆书铭文，钓台昼眠，怡亭看篆，这是多么自由自在、无拘无束的生活。最后两句感叹、疑问兼有，有对逍遥自在生活的向往，也有对这种生活不能实现的怅惘。这首诗意境恢宏，笔力雄健，是黄庭坚晚年最优秀的诗作之一。另外，黄庭坚将此诗行书于纸，长波大撇，一波三折，风神十足。此帖经历代名家收藏，传承至今，现藏台北"故宫博物院"。

　　这年十一月，更沉重的打击降临在黄庭坚身上，他被削夺了仅存的祠禄官一职，送往宜州（今广西河池宜州区）羁管。这次贬谪是由湖北转运判官陈举与朝廷执政大臣联合炮制的，直接诱因就是那篇《江陵府承天禅院塔记》。原来按照惯例，寺中塔记等文写好后，荆州地方官可列名其上，湖北转运判官陈举等表示愿意将名字刻于碑上，但黄庭坚对此事没有作声。陈举因此怀恨在心，伺机报复。他查知黄庭坚与赵挺之不和，便将此记文断章取义，秘密上报。此事正中赵挺之下怀，于是黄庭坚便以"幸灾谤国"的罪名，被削夺全部官职。

　　黄庭坚行至潭州（今湖南长沙）时，恰好与秦观之子秦湛、秦观之婿范温相遇，当时秦、范二人正护送秦观灵柩北归。这个面对政敌打击无所畏惧、倒头便睡的汉子，在友人灵柩面前泣不成声。他拿出二十两白银交给秦湛，以补丧葬之用。秦湛推辞，黄庭坚说："尔父，吾同门友也，相与之义，几犹骨肉。今死不得预殓，葬不得往送，负尔父多矣。是故见吾不忘之意，非以贿也。"听了如此感人肺腑的性情之语，秦湛收下了银两。

崇宁三年（1104）三月，黄庭坚到达永州。当时随其南迁的家人有十六口，因为担心家人不能适应宜州湿热的天气，黄庭坚将他们安置在永州，只身一人前往贬所。在宜州，黄庭坚在城南的居所十分简陋，既不能避风雨，又比邻闹市，喧哗不已，他却不以为意，美其名曰"喧寂斋"。

这年冬天，黄庭坚见到了梅花，惊喜之中，思绪万千，写下一首《虞美人·宜州见梅作》（天涯也有江南信）。

虞美人·宜州见梅作

天涯也有江南信，梅破知春近。夜阑风细得香迟，不道晓来开遍向南枝。

玉台弄粉花应妒，飘到眉心住。平生个里愿杯深，去国十年老尽少年心。

这首词上片写宜州见梅的三重惊喜：第一重惊喜是在偏僻之地竟然见到了梅花；第二重惊喜是梅花开过，春天就不远了；第三重惊喜是想不到一夜之间南面枝条上的梅花全部绽放。诗人眼中的春风，不单指自然界中的春风，还指皇帝的恩泽，虽然风细细，但一夜之间，向南的梅枝遍开，这是否意味着在黄庭坚意想不到之时，皇帝的恩泽也能吹到这天涯？下片写感慨，由寿阳公主的浪漫故事引发——宋武帝女寿阳公主卧于含章殿檐下，梅花落于额上，遂创梅花妆。年轻时赏梅，大杯狂饮，如今历经十年，"少年心"已消失殆尽。这首词把天涯与江南、垂老与少年作了一个对比总结，饱含了复杂真实的情感，惊喜之中有不平，隐约还有一丝丝期盼。

这年年底，兄长黄大临千里迢迢来宜州探望，直到第二年二月才依依不舍地离去。黄庭坚在十八里津为兄长饯行，有诗送别。

宜阳别元明用觞字韵

霜须八十期同老，酌我仙人九酝觞。

明月湾头松老大，永思堂下草荒凉。

千林风雨莺求友，万里云天雁断行。

别夜不眠听鼠啮，非关春茗搅枯肠。

这首诗首联后有自注云："术者言吾兄弟皆寿八十，近得重酝法，甚妙！"这一联化用此两事，写离别之际的祝福。颔联想象故园的冷清和荒芜，抒写难以返回故乡的感伤与无奈。颈联写莺鸣求友、雁阵断行，意喻兄弟天各一方。尾联想象离别之后难以入眠，只能听老鼠咬物窸窣之声，不是因为喝茶失眠，而是因为对兄长的思念太深。诗歌写手足之情、乡关之思，感人至深。此番黄庭坚与兄长一别，竟成永诀，从此天壤，令人唏嘘。

黄庭坚有一首广为传诵的惜春词，具体写于何时已难以考证，从其中所隐藏的心绪来看，也许写于崇宁四年（1105）的春夏之交。

清平乐

春归何处？寂寞无行路。若有人知春去处，唤取归来同住。

春无踪迹谁知？除非问取黄鹂。百啭无人能解，因风飞过蔷薇。

这首词上片从问春写起，由问春到寻春；下片以反诘接，写寻春而不得，笔墨所及，全是初夏之景。因春已去，寻春不得，寂寞哀愁无人能解，这似乎都与黄庭坚的遭遇有关。所以这首婉约词所写的未尝不是一个"寂寞无行路""百啭无人能解"的失路者的形象。

这年重阳节，黄庭坚与友人在宜州城楼宴集，席间听到有人说"今岁当鏖战，取封侯"，有感于此，即席赋《南乡子·重阳日宜州城楼宴即席作》（诸将说封侯）一首。

南乡子·重阳日宜州城楼宴即席作

诸将说封侯，短笛长歌独倚楼。万事尽随风雨去，休休。戏马台南金络头。

催酒莫迟留，酒味今秋似去秋。花向老人头上笑，羞羞。白发簪花不解愁。

这首词上片写诸将热烈地谈论建功立业封侯之事，自己却悄然独立一旁，倚楼吹笛。经历风雨坎坷之后，黄庭坚产生了万事皆休的感叹。下片写痛饮解愁，白发簪花，是一种苦中寻乐的旷达。

万事尽随风雨去，黄庭坚在追忆自己的一生，也是给自己做了一个总结。这月月底，黄庭坚卒于寓所，终年六十一岁。笔记中说，黄庭坚去世时身边只有范寥一人。范寥是一个传奇人物，他仰慕黄庭坚，特意从建康（今江苏南京）跑到宜州，陪伴黄庭坚度过了生命的最后几年。据说那日虽已过重阳多时，但天气依然炎热，小雨蒙蒙。黄庭坚薄饮小醉，坐在椅子上，从栏杆间伸出脚，沾湿清凉，回头对范寥说："吾平生无此快也！"没多久，就停止了呼吸。

黄庭坚去世的时候，朝廷的党禁已有所放松，宋徽宗为粉饰太平，铸九鼎、立道观，建大晟乐府，大赦天下。崇宁四年九月，他下诏元祐党人贬谪者量移内迁，黄庭坚也在此列。可惜诏令传到宜州的时候，黄庭坚已经去世了。

黄庭坚去世四年后的大观三年（1109），门人苏坚、蒋沨护送黄庭坚灵柩回乡，安葬在分宁县双井村祖墓之西。苏坚，字伯固，泉州人，与苏轼、黄庭坚交往甚密。绍圣年间，黄叔达携家眷前往黔州与黄庭坚相会时，搭乘的就是苏坚的船只。蒋沨是黄庭坚途经永州时结识的好友，因黄庭坚是贬谪之人，大家躲避唯恐不及，只有蒋沨一直陪伴左右。

南宋建炎四年（1130），宋高宗特赠黄庭坚、秦观、晁补之、张耒直龙图阁。绍兴二年（1132），宋高宗下令将黄庭坚书写的宋太宗《戒石铭》颁于郡县。绍兴三年（1133），吕本中作《江西诗社宗派图》，把以黄庭坚为中心形成的诗歌流派称为"江西诗派"，黄庭坚之下，列陈师道、陈与义等二十五人。宋末元初的方回，提出了"江西诗派"的"一祖三宗"，"一祖"指杜甫，"三宗"指黄庭坚、陈师道、陈与义。"江西诗派"是宋诗发展史上不可或缺的一个重要诗派，不但对宋诗的发展、成熟有重要影响，而且对宋代以后的诗歌也影响甚大，余波一直延续到近代的同光体。当然这些荣誉都是黄庭坚身后之事了。

时间是无情的，它不会因为一个人的正直善良、备受冤屈而倒流；时间也是公允的，它一层层地剥蚀掉强行附着在一个人身上的各种标签，只留下最真实、纯粹的个体。黄庭坚，无负于那个时代，无负于那段历史。

莫听穿林打叶声 何妨吟啸且徐行 竹杖芒鞋轻胜马 谁怕 一蓑烟雨任平生 料峭春风吹酒醒 微冷 山头斜照却相迎 回首向来萧瑟处 归去 也无风雨也无晴

意苏轼定风波 丙戌年冬虔然弟浩阳于闲斋共勉